죽음에 대한 세가지 거짓말

목차

이면의 이면

겨울

나는 겨울이 참 좋다
아무도 나를 안아주지 안아
내가 나를 안아도
누구도 이상하게 보질 않으니

엄마

아직까지도 고등학교 자퇴한 거 너무 후회해요

어렸을 때 부터 사교성이 부족해서 친구들이랑 못 어울렸는데 중학교 때 까지 그래도 동네 아는 애들 있어서 별로 힘든 거 못 느꼈는데 고등학교를 이상하게 따로 배정받고 나니깐 자꾸 겉돌고 애들이랑도 못 친해지겠고 그러다보니깐 자꾸 무시당하고 많이 맞고 울고 괴롭힘 당하고 책상은 매일 없어지고 애들이 의자엔 침 뱉어놓고

그래도 참고 다녔어야 했는데 자퇴서 쓰는 날 어머니가 처음으로 학교 오셨는데 교무실가서도 일절 말 한마디 안 하시고 표정 변화 없던 엄마가 먼지 나는 운동장을 가로질러 교문을 나오시자마자 펑펑 우시더라구요.. 봉철아 미안해.. 엄마가 다 미안해.. 하시면서..

자퇴하고 교문 나오면서 엄마가 우시던 거 멈추시고 제 손 꼭 잡으시면서 "봉철아 봉철이는 남들보다 잘나서 고등학교를 남들보다 좀 더 일찍 졸업한 거야 그래도 사람들한테 그거 알게 하려면 졸업장은 있어야겠지?" 하시면서 졸업 축하한다고 중국집 데려가서 짜장

면이랑 탕수육 사주셨는데.. 저도 그동안 서러웠던거 막 갑자기 터지면서 울면서 짜장면 먹으면서 속으로 검정고시 봐서 그 새끼들보다 내가 먼저 졸업장 따고 대학 갈거다 두고 봐라 하고 다짐했는데 지금 나이 서른여섯인데 아직도 검정고시 못보고 중졸임 ㅎㅎ

엄마 어렸을적엔 구충제 먹으면
똥에 벌레 보였다는데요

엄마 어렸을적엔 학교에서 구충제 나눠줘서
그거 먹으면 꿍아에 벌레 죽어서 나온거 눈으로 보였다
던데
저가 나이 36에 집에서 놀고 먹는 백수다보니깐
요새 엄마가 절 가만히 처다 보시면서 하시는 말씀이

그때 구충제를 한 번 더 먹었어야 했는데..

하시더라구여

서른 여섯 평생에 여자친구 생길뻔 한 추억

제가 군대를 좀 일찍간 편인데 (고등학교 졸업하고 할 거 없이 집에서 빈둥대니까 아빠가 나몰래 입대신청했음........) 일병 휴가 나와서 제가 뭐 만날 친구도 없고 한 4박 5일을 집에서 컴퓨터만 하니까 어머니가 안쓰러우셨는지 막 어머니 친구분들 딸 있으면 다 전화하셔서 우리애가 휴가 나왔는데 친구 없어서 방구석에만 있다고 혹시 만나서 같이 놀아 줄수 없는지 부탁 전화 하셨음

지금 생각해보면.... 전화 받은 쪽에서도 참 황당했겠지만 그 전화 하셨을 어머니 마음 생각해보면....... 지금 10년넘게 백수인 내가 한심스러움

여튼 제 36년 개인사에서 여자 친구 생길뻔한 최초이자 최후의 기억이네염ㅇ_ㅇ

나이 서른 여섯에 엄마 울리면
쓰레기 인가요? ㅎㅎ

카톡 프로필 사진을 유치원 때 사진으로 해놓고 남김 말을

"이 아이는 20년후 쓰레기가 됩니다" 해놨는데

쫌 전에 엄마한테 전화 왔는데 아무 말 않고 한참 우시다가

"아들.. 그래도 엄마는 아들을 사랑해.."

하고 끊으셨음..

내가 설거지 하면 엄마가 꼭 다시 하심

집에서 있기 밍숭맹숭해서
효도라도 해볼까 하고 설거지 해놓으면
엄마가 퇴근하고 오셔서 그거 보고는

"설거지 니가 했니?"

하고 물어보시는데
엉 내가 했어 하면 꼭 나 몰래 다시 하심
그릇은 씻고 숟가락 젓가락은 끓는 물에 삶으심

내가 더럽나? 내가 설거지를 잘 못하나?
나름대로 꼼꼼하게 한다고 했는데..

아마 평소에 내색은 잘 안하시지만
나에 대한 실망감과 배신감 원망
그래도 놓지 않은 미련 같은 희망
이런게 쌓이고 쌓으셔서
 나에 대한 혐오에 가까운 불쾌감 비스무리한 것으로
나타난게 아닌가 싶음..

그치만 이렇게 생각하니 또 너무 슬퍼진다..
차라니 내가 더럽고 깔끔하지 못해서
설거지 다시 하시는 거 였으면 좋겠다

어쩌면 오늘 한 가장 큰 효도는
엄마가 그릇 다시 씻고 계신거
못 본 척 하고 걍 모르는 척 하고 방에 들어와서 누운
거..

육아 프로그램 보다가 엄마 또 울려버림..

요새 육아 프로가 많은데
집에서 같이 엄마랑 티비 보다가 엄마가

"에구에구 애를 저렇게 키우면 안 되지 저럼 애가 너무 스트레스 받지"

이러시길래 나도 모르게

"ㅎㅎ 근데 왠 나는 이따위로 키웠어?"

하고 말했는데 엄마 또 우심.. 난 농담 할려구 한건데.. 난 대화 하는걸 너무 몰르겠다..

요새 근황은 일을 하고 싶어서 알아보는 중..
편의점 알바라두 할려고 알아보는데
36살은 아무도 안써줌.. 알바를 시켜주는데가 없음
아르바이트 전화해서
사람 구하신다구요? 하고 용기내서 물어보면
나이 말하면 다 그냥 헛웃음 지음 사장님들이

사장님들이란건 정말이지 대단한 존재당.. 전화에서 헛웃음 짓는 걸로도 듣는 사람들을 절망시킬 수 있음..

일본처럼 프리터 이런 걸로 살 수는 없는 걸까..
작은 거절이라도 몇 번 정도 당해보니깐
여자한테 차인 기분 들고 너무 괴로움
머랄까 난 여자한테 차여 본적이 없어서 잘 모르겠지만 실연의 슬픔이란건 이런 기분이겠지..

그래두 취업 지원센터 이런 거라도 좀 알아볼까 하는데 아침에 일어나면 아무것도 할 수 없고
우울감 때문에 그냥 누워만 있고 싶음
막 땅 속으로 파고 들어가고만 싶은 기분
막 눈물도 괜시리 나고 이유 없이
ㅎㅎ

여튼 나의 최근 근황 고백!
엄마가 이제 나랑 티비 같이 안 볼라고함
내가 방에만 있기 답답해서 엄마 티비보고 있으면
슬쩍 나가서 앉아 있으면
엄마가 한숨 한번 쉬시고 방에 들어가심

샴푸의 비밀

언제부터인가 샴푸에서 민트향이 나길래
엄마 샴푸 새로 바꿨어? 하고 물어봤는데
엄마가 우물쭈물 하셔서 뚜껑 열어봤는데
치약에 물 타서 샴푸 통에 넣어 놓으신 거였음
이게 뭐냐고 우리가 거지냐고 따졌는데
엄마는 막 티비에서 모발에 좋다고 나왔다는데
아무래도 뻥같음 그냥 돈 아낄려구 그러는 거 같음

새로 이사갈 집 구경하고 옴

일단 산에 있음
오르락 내리락 하면 살 빠질 거 같은데
난 밖에 안 나가니깐 ㅎㅎ
그리고 욕조가 없음
그리고 방이 작음
지금 방에 있는 가구 반도 안 들어 갈거 같음
엄마가 "옷이랑 책 같은 거 버릴 거 정리 해 놔" 라고 하
시기에
"ㅎㅎ 그냥 날 버려" 라고 했더니 엄마 또 기분 안 좋으
셨음
내가 살면서 엄청나게 많은 죄를 지었고
그런 나태와 태만 무능력과 무기력에 대한 댓가가 이거
겠지
집이 작다 불편하다 산에 있다 이런 거 보다는
나도 부자로 살고 싶고 편하게 살고 싶은 마음이 있는
데
이 집을 위해 나는 아무것도 할 수 없는
나의 무력감이 이 집을 볼 때마다 스믈스믈 기어 나와
나는 또 깊은 절망에 빠지고야 마는 것이다

3월 말에 이사갑니다!

 전세라는게 참 불편한 거더군요
 3월 말에 이사 간다는 통보를 어머니로부터 들었습니다 어머니는 "집이 좀 더 좁아질 거야 미안해." 라고 하셨죠 정말 미안해 해야 되는건 저인데 왜 항상 어머니께서 미안하다고 하시는지 모르겠지만요

 저는 옛날에 고시원에 혼자 살던게 기억이 나서

 "괜찮아 엄마 엄마는 정말 좁은게 뭔지 몰라서 그래 흐흐"

 라고 했는데 엄마가 표정이 굳어 지시더군요
 아마 어렸을 적에 애들이 숨바꼭질 하자고 해놓고
 동네 골목에 버려진 장농에 저 가둬놓고 해질녘에야
 엄마가 식당일 하고 돌아오시면
 그때서야 나올 수 있었던 일이 생각 나셨나 봐요
 지금도 그때 기억으로 엘레베이터를 못타죠
 갑갑해서 한 겨울에도 이불을 잘 덮지 못하구요

여튼 우리집도 우리 집이라는게 있었던 시절이 있었는데 전세라는게 참 불편한 거네요

그리고 최근 들어서는 저도 살을 빼기 위하여 헬스장에 등록 했습니다. 살도 빼고 체력도 길르고 사람처럼 생겨지면 뭔가 그래도 살 수 있는 방법이 생기지 않을까요 근데 가기전에는 정말 완전 열심히 해야 겠다는 생각을 하고 가는데 막상 가면 아무것도 하기 싫고 그냥 멍때리고 대충 흉내만 내고 옵니다 운동 뭘 해야 되는지도 모르겠고 기구 이것저것 해봐도 맞는지도 모르겠고 트레이너는 여자 회원들만 관심 보이는 거 같고 그렇다고 PT 같은 거 할 돈은 없고 그래도 인터넷에서 이것 저것 알아봐서 저도 열심히 한 번 해봐야 겠죠!

오늘은 그래도 헬스장 갔다 왔다고 이상하게 기분 좋네요. 느낌표도 저답지 않게 많이 쓰게 되구요! 근데 세 달에 10만원짜리 끊었는데 한 달도 못되서 이사 가야 한다는게 좀 그렇네요.. 이상하게 기분 좋은 날은 다음 날 후유증이 너무 심해요

내일은 얼마나 우울해 질지 모르겠어요..
아무 이유 없이 기분 좋은 날은 마음 속 깊은 곳에서부터의 불안감이 있습니다.

부디 내일 아침도 즐거운 기분으로 맞이 할 수 있었으면 좋겠어요

엄마가 설날이라구 이마트가서 노브랜드 만두 사오라고 하심

곧 있으면 설날인데 우리 집은 큰집이라 친척들 모여서 해마다 엄마가 음식 하시는게 걱정이심

이마트 PB 상품인 노브랜드 제품군이 괜찮다구 그래서 엄마가 올해는 떡국에 만두라도 넣어서 먹자하구 1키로에 3천원이라길래 나보구 만원주시면서 자전거 타구 가서 세봉지만 사다줄래? 하심?

근데 자전거 타구 이마트에 딱 도착했는데 왠지 PB상품은.. 좀 없어보이구 계산대에서 계산하기도 창피한게 있고 하는 막되먹은 허영심도 있는데다 또 나처럼 사람구실 못하는 천치 반푼이 때문에 가뜩이나 부모님 속상하실텐데 그럴리는 없겠지만 만두도 PB제품 사가면 친척들이 흉볼까봐 일부러 비싼 비비고 교자만두로 사감

이거는 400그람 짜리 두개에 8천원 정도..

결국 엄마가 원하는 만원에 만두 3키로는 못사고 800그람짜리 사간셈

이게 요새 유명한 만두라길래 맛이라도 볼까 하면서
라면 끓여서 대여섯개 집어넣어서 먹음
만두피두 쫄깃하구 안에 속도 알차게 꽉 들은게 참으
로 맛있더라

엄마가 퇴근하고 오셔서 냉동실에 만두 보시더니 일
단 한숨부터 푹 쉬면서 왜 사오란거 안사오고 이걸 사
왔니.. 이걸 누구 코에 붙이라구.. 하심

나는 또 덜컥 내가 이상한 짓을 해버렸구나.. 하는 마
음에 고개만 푹 숙이고 있었음

엄마의 한숨이랑 내 고개중에 뭐가 더 무거웠을까 요
런 생각 하구 있는데 엄마가 이왕 사온거 맛이나 보자
하구 같이 쪄먹자구 하심 나는 신나서 만두 전자렌지에
돌릴라구 그랬는데 전자렌지 돌리면 맛 없다구 엄마가
찜통에 만두 쪄주심

하이구 맛있긴 정말로 맛있더라 비비고 교자 만두 짱
마시씀 ㅠㅠ 만두 먹으면서 나는 어머니 기분이라도 풀
어 드릴려려구 말없는 과묵한 성격이지만 이런 저런 얘
기를 꺼냈음

엄마 나 어렸을 때는 집에서 다 같이 만두 빚어서 쪄 먹고 그랬었잖아

이런 얘기 하니깐 엄마가 옛날엔 돈까스도 해먹고 도너츠도 만들어 먹고 막 그랬었지 하구 좀 기분 풀어지신거 같았음

그래서 나도 좀 신나서 막 만두피 슈퍼에서 사다가 다 둘러 앉아서 만두 만들고 그랬다 그치? 하니깐 어머니께서

'옛날엔 엄마가 아무것도 몰라서 만두피 사다가 했지.. 지금 하면 만두피도 만들어서 하는게 훨씬 싼데.. 물론 엄마는 지금도 아무것도 모르지만.. 옛날엔 지금보다 더 몰랐으니깐..'

이라구 하심..

난 엄마가 세상에서 제일 똑똑하시다구 생각하는데.. 눈물이 좀 핑 돌았음.. 아니다.. 돌은건 내 정신이고 내 머리다.. 난 암것두 모르고 창피하다구 만두도 부러 비싼거 사오고 그러는 멍청이인데..

나중에 몰래 밤에 치킨 혼자 시켜 먹을려구 숨겨둔 소중한 비상금 만원정도 잇는데 꼭 이마트에서 노브랜드 만두 사다가 냉동실에 몰래 넣어 놔야겠음.. 이것두 평 보니깐 싸구 맛도 좋다던데..

나이 36살에 엄마 울려본 적 있나요?

엄마가 식당에서 일하시고 집에 오면 꼭 물어보시는 게 있는데

오늘 뭐했어? 오늘 어디갔다 왔어? 임

아무것도 할 것도 없고 아무데도 갈데 없다는 걸 알면서도 왜 물어보시는지 모르겠음

그래도 나도 요새는 몸이 안 좋은데가 많아서 정형외과라던지 여기저기 병원도 다니고 있고 조만간에 아주 어쩌면 태어나서 처음으로 수술이라는 걸 해볼지도 모름

근데 이런 이야기는 확실해지기 전까지 안 하는게 좋을거 같아서 엄마가

어디 갔다 왔어? 오늘은 나갔다 왔나 보네?

하고 물어보셨는데 그냥

알거 없잖아, 하구 대답했음

 밥 다 먹고 엄마가 상 언제 치워주나 보는데 엄마가
부엌에서 계속 서 계신게 보였음
 이쯤되면 아무리 멍청하고 눈치 없는 나라도 뭔가 이
상한 낌새를 챌 수밖에 없음

 -엄마 뭐 해?
 -아무것도 안 해
 -아무것도 안 하는데 거기 왜 서있어?

 엄마는 혼자 부엌에 서서 물 끓이는거 보고 있으면서
몇 분동안 가만히 서 계셨음
 이걸 몇 분동안 눈치 못 챈 나도 참 바보다 이런 생각
을 하면서 물어봤음

 -엄마 왜 울어?
 -가족인데 그런것도 못물어보니? 엄마는 일하고 와
서 너 밥 잘 챙겨 먹는거 보고 얘기 같이 하는게 유일한
낙인데 엄마는 그거 하나 믿고 힘든거 꾹 참고 일 하는
데

 나는 이때 쯤이라도 어쩌면 엄마 미안해.. 하고 사과를

했어야 되는지도 몰름

　그치만 예의 그 허세를 섞어 대답했음

　-가족이란 말을 변명으로 사용할수록 그 말의 가치는
낮아지는 거야

　엄마는 한참 대답이 없었음. 이제 울음을 그치셨나?
하고 내심 궁금했지만 일부러 못 본 척 하고 TV만 들여
다 봤음

　-...엄마는 그런 어려운 말은 몰라. 그래도 가족은 그
런게 아니야. 가족은 이야기도 많이 하고 가끔 싸우기
는 해도 많이 웃고 그러는 거야. 가족은 그런 어려운 말
그런 거 아니야.

　나는 말을 하지 않고 밥상만 들여다보면서 '상은 대체
언제 치우시는 거지?' 하고 생각함

　-그런다고 울어? 그게 울일이야?
　-그럼 눈물이 나오는 걸 어떻게 하니?

　환갑이 다 되 가시는 어머니는 아마도 요새 갱년기가

아니신가 싶음

 여튼간에 엄마 또 울려버림 거실에 있기 머쓱해서 밥 상 그냥 모른 척 냅두고 혼자 방에 들어와서 내가 한 말 이 좀 멋있어 보여서 곰곰히 생각해 봤음

 '사랑이나 가족, 친구 같은 말 들을 목적을 가지고 변 명으로 사용하면 할수록 그 말의 가치는 점점 떨어져 가는 것이다.'

 라는 말을 노트에 써 놓고 한참을 들여다 봤음

 사실은 나는 사랑도 가족도 친구도 모른다. 사랑도 안 해보고 친구도 없지만 유일하게 있는 것은 가족인데 나 야말로 무슨 목적을 가지고 이 가족에 대해서 가치를 떨어 뜨리는게 아닌가. 나도 좀 울 거 같았음. 나는 생긴 건 아빠를 많이 닮았지만 성격은 엄마를 닮았다는 말을 많이 들어왔음.

 중요한건 정말 딱 한 번만 말해야 된다.

13년 쓴 냉장고 수리 하는데 엄마 삐지심

냉장고 13년 쓴건데 그 막 불 들어 오는데서 계속 삑삑 소리 나길래 A/S 기사님 오셨는데 수리 하는거 사만 천원 나온다길래 새벽에 식당에 일하러 가신 엄마한테 문자보내서 사만 오천원이라구 하고 고쳐도 되냐고 물어봤는데 고치는데 깎아 달라구 해 보라길래 난 그런 말 못한다구함

그래서 고치시는 거 멀뚱멀뚱 보구 사만천원 내가 내고 엄마한테 사만 오천원 받아서 사천원 남은걸루 뭐하지 막 이런 거 신나서 생각하구 있었는데 엄마 오늘 식당 일 일찍 끝나셨다구 막 뛰어오심..

그래서 엄마가 기사님한테 사만 오천원이죠? 조금만 깎아주시면 안 되나요 이러셨는데 기사님이 예? 수리비 출장비까지 사만 천원 인데요 이러니깐 엄마는 더 깎아달라는 소리도 못하시구 예.. 아 그래요.. 이러시고 나는 슬그머니 쓰레빠 신구 도망나옴..

엄마가 쫌전에 카톡으로

"아들 그런 사람인줄 몰랐네 앞으로 돈 줄때 좀 생각
을 해 봐야겠네"

라구 하심.. 이 카톡의 1이 안 없어지면 안 읽은걸루
할 수 있을까 엄마가 나한테 실망한 마음도 없었던 일
로 할 수 있을까.. 잃어버린 사천원에 대한 마음도 더위
에 녹여버릴 수 있을까

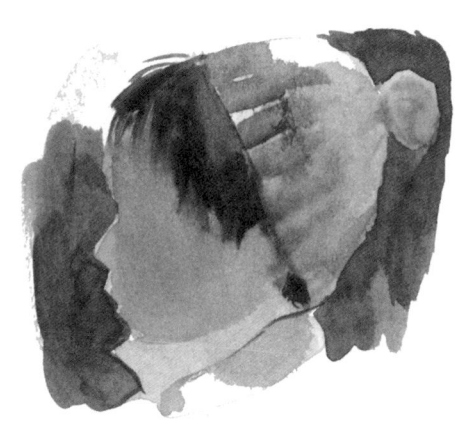

돌아 본 그녀의 입가가
무슨 결심이나 각오라도 한 것처럼
굳게 닫혀 있었던 것을

어제 새벽에 방에 ㅂㅋ벌레가 나와서 홈키파 막 뿌려서 죽여 놨는데 도저히 집지를 못하겠어서 바닥에 가만 놔두고 무서워서 잠 못자구 밖에 나가서 피씨방 갔다가 아침에 해 뜨구 집에 들어 왔는데

엄마가 어디 갔다 왔냐구 또 무슨 일 있냐구 니가 갈 데가 어딨어서 나갔다 왔냐구 이런거 물어 보시는데 갑자기 나는 새벽녘에 방에서 잠도 못자구 막 무서워서 밖에 싸돌아 다니구 이러던거 참았던 설움 같은게 북받쳐 올라서

눈물 평평 쏟으면서 엄마.. 나 있지.. 이러니깐 어머니 또 놀라셔서

무슨일인데.. 괜찮아 엄마한테는 다 얘기 해도 돼..

이러셔서

방에 ㅂㅋ벌레(이름 쓰는 것두 무서워서 못 쓰겠음 그

정도의 공포임) 있다구 얘기하니깐 두루말이 휴지 둘둘
말아서 잡아다 버려주심

  역시 어머니는 세상에서 가장 멋지고 위대하신 분 같
음 오늘부터 진심을 다해서 존경 하기루 함.. 될지는 모
르겠지만 앞으루 효도도 해야지(안 할 가능성이 큼)

  그래도 나는 봤다 한 손에 두루말이 휴지를 들구 아무
렇지 않은 척 어디있는데? 하구 말할 때 돌아본 어머니
의 입가가

  무슨 결심이나 각오라도 한 것 처럼
  큰 의지가 필요 한 사람처럼 굳게 닫혀 있었던 것을

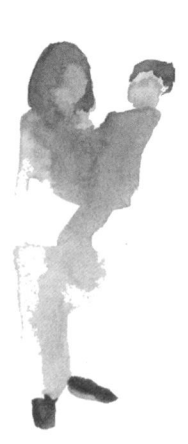

도마 소리

매일 새벽이면 도마소리와 함께 잠이 든다
새벽 다섯시 까지 혼자 영화를 보고 게임을 하고
동이 틀 무렵에 잠들만 하면 어머니가 깨서
아침 식사를 준비하신다 매일 새벽의
도마 소리가 나를 미치게 한다 새벽 다섯시에
일어나 밤 열시에 들어오시는 어머니의 시작
끝도 시작도 없는 나의 하루에
도마소리가 알리는 건 나의 절망이다
매일 새벽의 도마소리를 도무지 견딜 수 없어
한 번은 몰래 방에 숨겨 놓아 보았다
딱 딱 딱 딱 딱 도마 위에서 파가 썰리듯
방문이 두들겨진다 자니? 혹시 도마 못 봤니?
엄마 밥 먹고 출근해야 되는데 도마 못 봤니?
나는 아직도 잠이 오지 않아 생생한 정신으로
짐짓 자는 체를 한다 딱 딱 딱 딱 딱 아이들이
주먹으로 내 머리와 팔을 때릴때면
눈물도 나지 않는 생생한 정신으로
교복 마이를 뒤집어 쓰고 짐짓
자는 체를 했던 그 시절처럼

문이 열리고 어머니가 출근하시는 소리가 들려
밖으로 나가보니 라면 냄새가 났다 안방에
계시던 아버지. 아버지는 집에서 노시면서 부터
안방을 사무실이라고 부르기 시작했는데
어떤 사무를 누구를 위해 보는 지는
알 수 없었다 일은 나도 없다 아버지와 나는
각자의 방에서 하루 종일
각자의 사무를 보며
기다린다 어머니의 도마소리를

착한 사람. 세상에는 정말 타고나길
착하게 태어난 사람과
착하게 살아갈 수 밖에 없는 사람이 있다

골방에 틀어박힌 나의
유일한 사무는
어머니를 착하게 살아갈 수 밖에 없는
사람으로 만들어 내는것
36세 인간 쓰레기 백수가 충실히 수행해내는
유일한 사무이다.

어제 길가는데 여고생 두명이..

어제 길 가는데 여고생 두 명이 옆에서 걸어가구 있었
음 나는 막 원래 쭈그리지만 최대한 더 쭈그리처럼 보
일려구 고개 푹 숙이구 어깨 종이장처럼 얇게 만들어서
그러구 가고 있는데 둘이 막 얘기 하다가 엄마! 엄마!
막 이런 얘기를 하고
자기들 끼리 까르르 웃었음

근데 앞에 가던 아줌마가 고개를 홱 돌아보시는데
아 혹시 자기 딸이 아닌가 싶어서 돌아 본 거구나
하고 생각이 드는데 왠지 막 마음이 짠해짐

엄마라는 단어가 갖는 느낌은 굉장한 거구나 하구 생각
함 정말
자기 딸이 아닐지도 모르는데 엄마 소리에
길을 가는 중년 여인의 고개를 돌아보게 하는

아기들이 막 태어나서 처음 하는 말도 너무 멋짐
나는 조가카 삼촌 소리는 대체 언제 하는 건가 하구
은근히 기다리면서 남몰래 연습 시키구 있는데

아직은 엄마랑 아빠밖에 못 함..

언젠가 엄마가 퇴근하시구 시장 보고 오셨는지
나한테 문자 보내서 짐 좀 들어달라구 나오라고 하신
적이 있는데

나는 집에서 아무것도 하지 않으면서도 또

"안돼 바빠."

라구 보내고 짐 들어 드리러 몰래 나갔는데
엄마는 또 나 안 나오는 줄 알구 먼저 걸어가시구 계셨
는데 그 뒷모습이 막 너무 가슴이 아려오구 그래서
눈물 흐르는 거 닦으면서 따라가느라 결국 짐 못 들어
드림..

왜냐면 엄마는 짐 들고 가시는 거 보다
아들이 눈물 흘리는걸 보시는게 더 힘 드실 거라는 걸
나는 잘 아는 효자이기 때문에..

여튼간에 엄마라는 말에는 뭔가 가슴이 뭉클해지는
울림 같은게 있는 거 같음

그래서 나도 엄마한테 자주 하는 말을 한 번 적어 봄..

엄마가 뭘 안다고 그래???

엄마 밥 먹으라는 소리 좀 하지마!!

엄마가 살면서 나한테 해준게 뭔데??

음...
엄마 미안해..

우리 엄마도 성격 나랑 똑같이 소심한 거 같음..

나는 생긴건 아빠를 닮고 성격은 엄마를 닮았다는 소리
를 엄마가 많이 했어서 이게 대체 무슨 소리인가 도무
지 몰랐었는데

엄마한테 삐져서 또 2주정도 말 안하고 있었는데
갑자기 저런거 물어 보길래 뭐냐구 물어보니깐
엄마 일하는 식당에서 아침에 사람들이랑 식사하구
이런저런 얘기 하다가 도시락 반찬 싸준 얘기 하셨는데
엄마는 막 스팸 싸줬었다 그랬는데
실장이라구 내 또래 사람 있었나봄 그 사람이 막
아니라구 자기는 비엔나 소세지 세대라구 그랬다함
그래서 엄마는 막 엄마가 잘못 말했나? 스팸 아니었나?
이런게 막 걱정되고 불안해서 저거 나한테 밤에 물어
보신거임

내일 아침이나 아님 나중에라도 혹시 이 주제로 다시
이야기가 나오게 된다면 그거 실수하실까봐 미리 단단
히 준비 하시구 가겠다고

그래서 내가 엄마한테 그랬음

엄마 식당 아줌마는 직장이라구 할 수 없고
엄마는 나한테 스팸도 비엔나 소세지도 해준 적 없고
김밥용 햄 짤라서 스팸이라구 속여서 먹이거나 분홍 소
세지 구워줬다고..

엄마는 왜 나를 문 밖에 내비뒀을까

초등학교 2학년 때부터 4학년 때 까지는 집에 오는 것
이 무서웠는데
이유는 엄마가 나한테 집 열쇠를 안 줬었음

어머니 아버지는 두 분 다 충청도 분이신데
서울로 올라 오셔서 아버지는 장사를 하시구
그래도 어렸을 때는 집이 어느 정도 살만 했었는데
엄마는 주부학교 이런거 다니시구 아버지 장사 도와주
시느라 학교에서 돌아오면 항상 안 계셨음

근데 엄마가 나한테 열쇠를 안줘서
국민학교 막 열두시에 끝나구 그러면
오후 여섯시 일곱시 엄마 올 때까지
집 대문 앞에서 무작정 앉아 있는 거임

그래서 엄마한테 나 집에 좀 들어가 있게 열쇠 좀 달라
구 해도 엄마는 절대 안줬었음 이유는 내가 혹시라도
잃어버리면 도둑들까봐

그럼 막 친구도 없고 어린 나이에 어디 갈 곳도 없고 돈
도 없고

지금 같은 시대라면 피씨방이라도 가 있으련만
나는 무작정 집 대문 앞에 앉아서 엄마를 기다리는 거
그러면 막 엄마한테 삐삐도 쳐보고 하고 기다리다가
오줌을 못 싸는게 제일 힘 들었었음 복도식 아파트였는
데

복도식 아파트 계단 있는데에 화분 같은데에
사람들 안 올 때에 몰래 오줌 싸고
가방에서 교과서 꺼내서 아무거나 계속해서 몇 시간씩
반복해서 읽고

그러다가 옆집 아줌마가 혹시라도 나 발견하면
왜 그러구 앉아있니 하구 나 집으로 데려가서 집에서
있게 하고 근데 어렸을 때 부터 소심하구 쑥스럼 많구
말 잘 못하구 그래서 도저히 오줌 마렵다 소리를 아줌
마한테 못 하겠어서 마루에 앉아 있다가 남의 집에 오
줌 그냥 싸 버린 적도 있음 그 뒤로 아줌마가 나 봐도
어색하게 웃기만 하고 집에 안들여보내 주심

한번은 복도에서 엄마 기다리다가 도저히 못 참겠다 싶

어서 집에 있는 창문 뜯어서 들어간 적 있음.. 우연히 그 다용도실 창문이 복도쪽으로 나 있었는데 그걸 내가 뜯어낼 수 있다는 걸 알아낸 다음 자전거 위에 발 딛고 올라가서 들어가서 세탁기 타구 내려옴

근데 엄마가 저녁에 집에 오셔서
너 어떻게 들어갔니 하고 물어보셔서
창문 뜯었어 하구 말하니깐
누가 그거 보고 도둑이라도 들면 어떻게 할려고 그래?
하구 다음날 바로 사람 불러서 창문 못 뜯게 막아버림
그래두 열쇠는 안주심..

결국에 초등학교 5학년 때인가 6학년 때인가
몇 년을 학교 끝나구 몇 시간동안 집 문 앞 복도에서 엄마를 기다리다가 열쇠를 받게 되고 나서야 나의 오랜 기다림은 끝이 났음

그렇게 힘들게 들어가게 된 집이라서 그런가.. 요새는 도무지 밖으로 나갈 생각 같은게 안 듬 그래서 일도 안하고 집에만 있는 건가?

엄마는 대체 왜 그러셨을까
지금와서 고민하구 원망하구 그래봤자 아무 쓸모 없다

엄마는 오늘 허리가 아프셔서 일을 못 나가셨다
하루 종일 누워계셨다 잠만 계속 주무셨다

나보고 그렇게 밥 좀 챙겨 먹으라고 새벽 다섯시에 일
어나셔서 밤 아홉시 넘어서 식당 일 하구 집에 들어오
셔도

봉철이 밥 먹을래? 엄마가 밥 차려줄까?

하시던 엄마는

오늘은 봉철아 밥 니가 챙겨 먹어 엄마 너무 힘들어

하셨다.

나는 그때의 일로 아마도
혼자 있는 시간을 잘 견디지 못 하는 거 같다
혼자 있으면 외롭고 괴롭고 쓸쓸하다
그렇다고 친구를 만들 수 있는 사람도 아니다
몸도 마음도 엉망이다
시간 자체를 혼자서 견뎌내야 한 다는 것이 고역이다
친구를 만드는 법도 친구랑 노는 법도 모르고 살아 왔
다

엄마는 왜 열쇠를 안주셨을까 그렇게 어린 나이도 아니
었는데

그래서 사람의 마음에 들어가는 열쇠를 아직도 찾지 못
한 거 아닐까, 하는 말을 하기엔 나도 이젠 어린 나이가
아닌데

엄마는 왜 문 밖에 나를 내버려 뒀을까
나는 왜 지금 문 밖에를 도무지 나가지 못 하는 걸까
약 기운이 몰려오기 전에 지금의 우울함을 다 털어내야
된다

니가 그렇게 힘들어?

개인의 불안과 고독, 현재의 무능과 무기력에 대한 좋은 핑계인 괴로웠던 과거사들을 내가 털어 놓을 때마다 듣는 답변중의 하나는

니가 그렇게 힘들어?
세상엔 너보다 힘든 사람이 훨씬 더 많아
다른 사람들도 다 힘들어 그걸 극복하고 살아가는 거야
세상에 안 힘든 사람이 어딨어? 왜 너만 그렇게 징징대?

류의 답변들이 있다. 나의 괴로움과 고독은 타인의 판단 하에 하나의 수치로 계산되어 비교당하고 '그나마 견딜만 한 것' '다른 사람보다는 살만한 것' '충분히 이겨낼 수 있는 것' 의 정도로 측정되어 결국 어리광이나 투정즘으로 치환되어 버린다

사람은 누구나 다 힘들다. 일체개고라 하여 인생의 무상함과 무아함을 깨닫지 못하는 인간의 삶은 언제나 고통 뿐이다. 이 고통은 오로지 개개인의 고유한 것으

로 누구와도 비교할 수 없는 것이고 타인과의 비교를 통해 내가 조금 더 살만하다 내가 그나마 이 사람들 보다는 덜 힘들다 로 비교되어지거나 비교될 수 없는 일이다.

나의 괴로움은 나만의 것이고 이 괴로움의 무게는
내가 살면서 오로지 나 혼자만이 짊어지고 살아가야 되는 것이다

'누구나 다 힘들다. 너만 힘든 거 아니다. 그 정도 가지고 징징대지 말아라.'

라는 것은 어떠한 의도로 발화되던 듣는 이에게 아무런 위안이나 위로도 되지 않으며 사실상 자기보다 못하다고 생각 되는 사람들을 보며 아 그래 내가 저 사람보다는 살만 하지. 저 사람은 되게 안 됐다 살기 힘들겠다 하는 오만과 개개인의 삶을 수치로 판단하여 측정하는 비인간적인 행동이라 볼 수 있다.

'니가 그렇게 힘들어?'

한 마디 보다 사실 따뜻한 위로 혹은
차분하게 그 사람에게 공감하고 이야기를 들어주는 것

이 논리적인체 하며 오만함을 보이는 것 보다 더 도움
이 될 수 있을 것이다.

얼마 전 식당일을 마치고 오신 어머니께서
잔뜩 어지러진 방을 보시더니 한 마디를 하셨다.

"봉철아 제발 방 좀 치우고 살자. 엄마 힘들게 일하고
오는데 너 방까지 맨날 치워줄 수는 없어."

"엄마 내가 아무것도 안 하고 사는거 같아도 나도 하루
종일 힘들어."

어머니께선 내 대답을 듣고 한참을 생각하시더니 나에
게 되 물으셨다.

"니가 엄마보다 힘들어?"

어제 밤에는 천둥이 쳤다

밤새 비가 내렸다. 빗줄기는 얇아졌다가 거세지기를 반복했다. 밖에를 나가지 않고도 강우의 강도는 소리로 파악할 수 있었다. 가끔은 천둥이 쳤다. 번쩍하고 번개가 치기도 했다. 천둥은 소리고 번개는 빛이다. 천둥과 번개의 차이를 곰곰히 생각해 보다가 나는 눈꺼풀이 빗줄기처럼 얇아졌다가 거세지기를 반복했다. 고장이 나 털털 거리는 선풍기가 눅눅한 방 안을 간신히 식혀내고 있었다.

꽝 하는 소리가 났다. 방 안에는 암흑이 찾아왔다. 나도 몰래 놀라 악 소리를 냈다. 목구멍에서 천둥이 쳤으나 빛은 사라졌다.

정전이다. 오래된 양초를 서랍에서 간신히 찾아냈다. 바람이 약해 원망만 하던 선풍기가 멈추고 나서야 그 고마움을 새삼 느끼게 되었다. 식은 땀이 몸을 타고 흘렀다. 나는 이 어둠 속에서

내가 지었던 죄와 앞으로 지을 죄들을 수줍게 고백했다

암흑 속에서야 말로
사람은 진실로 진실되어지니 어쩌면
신은 빛이 아니라 어둠이 아닐까 하는 생각을 했다.

밖에서 두런거리는 소리가 들려왔다. 건물 전체가 정전
이 된 듯 싶었다. 오래 된 빌라였다. 아파트에 살 때에는
쉽게 일어나지 않던 정전이 빌라에서는 간간히 일어났
다. 기술은 자본을 따라서 간다. 혜택은 있는 자 만이 누
릴 수 있는 것이다 따위의 말들을 생각해보다 나는 이
건물에 찾아온 어둠 마저도 내 탓이 아닌가 하는 생각
에 홀로 괴로워졌다. 어쩌면 나는 세상에

어두운 모든 것에 책임이 있다. 그러므로
어두운 사람들이 나를 찾아 그들의 어둠에 대하여 털어
놓는다 마치
나만큼은 그들의 어둠에 대하여 이해해 줄 수 있을 것
이라고 생각 하는지
아니면 나의 어둠은 그들보다 더 깊고 눅눅한 것이라
고장난 선풍기처럼 털털거리며
묵묵히 들어 줄 것이라 생각하는지 어둠은 주로
욕망과 연관되어 있다. 그들의 욕망이 추악한 것인지
선한 것인지를 따져보려다
욕망에는 선악이 없다는 생각을 했다 결국

욕망을 이뤄내려 그들이 행하는 행동만이 남아
선악의 판가름을 받는다 그렇다면
욕망이 나쁜 것이 아니라 행동이 나쁜 것이다.
가급적 조금의 움직임도 보이지 않자.

잠시 후 불이 다시 들어왔음에도 나는
쉽게 잠이 들지 못했다 다섯시 쯤에
나는 거실로 나가보았는데 어머니께서 출근 준비를 하
고 계셨다

-아까 정전이 되었었나봐 밖에 비 많이 와 엄마

하고 말을 걸자 어머니는 대답 없이 현관문을 열고 나
가셨다.

얼마 전에는 어머니께 15만원 정도를 빌렸다. 책을 내
고도 택배비 조차 감당하지 못하여 괴로워 하고 있다.

점심 때 쯤 어머니로부터 카톡이 왔다

-아들 점심은
-먹었어
-알겠어

-엄마 아침에 왜 나 모르는 척 했어

어머니는 한참 대답이 없다가 답장을 보내셨다

-엄마 새벽부터 비오는데도 일 나가는데 너 집에만 있는 거 보니 속상해서
-아 그래? 다행이네 난 또 엄마가 나 버릴려는 줄 알았네

나도 이제 작가다. 말은 못해도 글로는 누구에게도 지지 않는다. 특히 어머니에게는 말 한 마디도 지는 법이 없다. 어머니는 다시 대답이 없으셨다. 점심시간을 쪼개 보내는 어머니의 문자 메세지는 얇아졌다가 거세지기를 반복하고 있었다. 나는 집에서 홀로 고장이나 털털 거리고 있었다.

-15만원은 언제 갚을 거야
-금방 갚을 거야
-가족끼리는 그런 거 더 확실히 해야 하는 거야

이상한 낌새 같은것은 순식간에 눈치 챌 수 있다. 나는 오랜만에 번뜩이는 기지를 살려 물어보았다.

-왜 엄마 누가 돈 안 갚았어?

어머니는 다시 한동안 말씀이 없으셨다. 어둠 속에서 누군가의 욕망이 번뜩였을까.

-봉철이 외삼촌 두명 있는건 알지?
-응.
-이제 한 명만 있다고 생각해.

머리 속에서 꽝 하는 소리가 났다. 암흑이 찾아왔다. 나도 몰래 악 소리를 냈다. 언젠가는 어머니도 '아들은 하나 뿐입니다.' 라고 할 지 모르는 일이다.

아버지

아빠 춤추는 거 본 적 있나요?

어렸을 때는 그래도 가족들끼리 외식도 하고
돼지갈비두 먹구 노래방도 가고 그랬었는데
중학교 들어가구 나서는 점점 그런게 없어 졌는데요

고등학교 때 였나 집안 분위기도 안 좋구
막 가게에 도둑이 들었네 사업이 망했네 IMF다 뭐다
권리금을 못 받을 거 같네 이런 얘기들이 집 안을 돌아
다니구

어느 날 밤인가는 식구들 다 자는데 아버지가 술 취해
서 들어오셔서 엄마랑 형이랑 다 깨워서 갑자기 노래방
을 가자구 하시더라구여

그래서 막 다들 뭐지뭐지 하구 투덜투덜 하면서도
옷 챙겨 입구 따라 나섰는데
막 아버지가 별빛이 흐르는 다리를 건너~ 이런 옛날 노
래 부르시고
다른 식구들은 반쯤 졸면서 그거 듣구 있는데
아빠의 청춘인가 하는 노래 골라서 막

이 세상에~ 부모 마음~ 다 같은 마음~~
이런거 하시길래 뭘 해줬다구 저런 노래 부르지? 하고
반쯤 감긴 눈으로 대충 보구 있었는데

부라보! 부라보! 아빠의 청춘~
원더풀~ 원더풀~ 아빠의 인생~~~

막 아빠가 이상한 어깨 춤 같은거 추시면서
울먹이구 계시더라구여

태어나서 처음으루 아빠가 춤 추는거 본 기억이었네염

이후로 아버지는 머랄까 의기소침 해지셨다랄까라
저에게 거의 간섭이나 터치를 안 하셨는데
사람은 가족이라도 친해지는데는 언제나 타이밍 이라
는게 있어서
그걸 놓치면 참 힘든게 아닌가 싶네여

어쨌든 요새는 혼자 코인 노래방 가서 놀구 오고 그러
는데 최신곡 이런건 잘 모르겠어서 저도 어느 순간부터
인가 지루해했던 아버지가 부르시던 옛날 노래들만 부
르고 있더라구여

저는 밖에서 화를 내지 않기로 다짐한 사람인데요

워낙 천성이 순하고 여리고 내성적이어서 말도 크게 못
하고 그런 탓도 잇는데 저도 살다보면 화가 나는 일도
있고 화를 내야 하는 상황 같은 것도 있는데

그럼에도 불구하구 제가 화를 잘 안 내구 잘잘못이 어
찌 되었던 그냥 입버릇처럼 죄송하다구만 하니까 막 사
람들이 그렇게 살면 답답하지 않냐 그렇게 참으면 병된
다 화도 적당히 내야지 그리고 살다가 한번에 팍 터지
면 큰 일 생긴다 이런 얘기도 막 듣구 그러는데

옛날에 한번 식당에서 밥 먹다가 음식에서 뭐가 나왔던
가 직원이 좀 불친절하게 굴었다던가 그래서 존나 빡쳐
서 직원한테 큰소리내고 성질낸 적이 있는데

막 아니 이렇게 하면 어떻게 하냐고 이게 이래서 될 일
이냐고

무조건적으로 내가 우위에 있는 상황에서 이 사람은 죄
송하다고만 하고

굽신거리고 이러는 와중에 나는 공격적인 언사를 계속하면서 이 사람을 깎아내리고 혹시 있을지 모를 화를 참지 못해서 이 분노가 신체에 위협을 가할 수 있는 폭력으로 변질 될 수 있다는 그런 비뚤어진 분노를 계속 직원에게 가하고 있는 와중에 제가

갑자기 이런 제 자신이 너무나도 비참하고 괴롭게 느껴졌는데 제가 이 사람을 말로 혹은 은연중에 비치는 폭력에 대한 예고로 찍어 눌르면서 느끼는 감정이 쾌감이더라구요.. 신나고 즐겁고 내 앞에서 누군지도 모르는 사람이 나로 인해 작아져만 가는게 좀 더 나를 큰 사람 멋진 사람으로 만들어 가는거 같고

그래서 죄송하다고 하고 뛰쳐 나오듯 해서
집에와서 몇날 며칠을 울면서 곰곰히 생각해 봤는데

제가 식당에서 그렇게 화를 냈던 장면이
제가 그토록 괴로워하고 절대 닮지 않아야지
내가 혹시라도 여자를 만나고 결혼을 해서 아이를 낳으면 그렇게 키우지 말아야지
하고 다짐 했던 아버지의 모습이더라구요

말로 폭력으로 누군가를 찍어 누르는 사람과

그 앞에서 울면서 죄송하다고 살려달라고 하는 아이와
그걸 멀찍이서 제 3자처럼 지켜보는 사람의 모습

저는 그 날 이후로 다시는 누구에게도 화를 내지 않겠
다고 다짐 했습니다.

아버지를 이해할 때 우리는 정말 어른이 되는 걸까요..

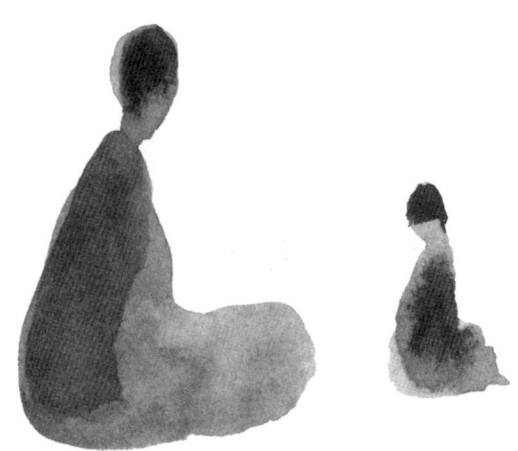

어제는 아버지가 아프셨다.

어제는 아버지가 아프셨다
요 근래 계속 허리가 아프셔서 병원에를 다니셨다.
어디니? 지금 뭐하니?
하고 묻는 사람도 사실 별로 없지만
이러한 질문들은 사실 내게 큰 곤욕 같은 일이다.
집에 없니? 하고 물어도 집 말고는 나갈 곳이 거의 없고
뭐 하냐고 물어도 논다, 말고는 대답을 할 말이 없다.

몇 해 전인가 나는 집에서 크게 한 번을 성질머리를 부
리고 나도 이제 성인 남자라는 이유로 나만의 공간이
필요하다 라는 것을 강력하게 피력했다. 성인 남자로써
나만의 공간을 돈을 벌어 독립하는 방법 보다 간단하게
방문을 틀어 잠구고 가족들이 함부로 내 방문을 열지
못하게 하는 방식을 택했다

어제는 아버지가 아침에 문자로 병원에 좀 같이 가자
하셨다. 한의원에 가서 침을 맞으셨다. 어디가 편찮으
시냐는 질문에 아버지는 4번과 5번 사이의 디스크가 허
리를 타고 무릎까지 내려와 옴짤달싹 못 하겠다

하셔 나는 디스크는 한의원이 아니라 정형외과에 가야 된다고 이야기 하고 한의원에서 침을 맞고 나서도 거동이 여즉 불편하셔 정형외과에도 같이 가기로 했다.

오전중의 나의 일과는 시간이 정오에 도달할 무렵까지는 침대위에 가만히 누워 하루의 아무것도 할 수 없는 일과에 대하여 짐짓 진지하게 계획을 설계하는 척 하며 정신을 차려보면 결국 생각만 하다 아무것도 하지 않는 하루를 보내는 소중한 일정이 있는데 나는 이 일정이 방해를 받은 것이 꽤나 불쾌한 상태였다.

정형외과에서 아버지는 진료를 받고 신경 주사를 허리에 맞았다. 회복실에서 20분 정도 기다렸다 가라는 말에 침대가 두 개 있는 방에 둘이 누워 기다리다 보니 둘다 잠이 들어 깨어보니 한 시간이 지나있었다.

간호사가 들어와 두 분 다 주무시기에 깨우지 않았다는 소리를 했다. 나의 소중한 오전 중의 일과.. 를 떠올리며 다시 한 번 속으로 성질을 냈다.

혈압을 체크하고 이제는 움직여도 된다는 말에 진료비를 계산하고 아버지와 병원을 나왔다.

아침의 시간을 뺐은 것이 마음에 걸리셨는지

밥이라도 먹고 가자,

말씀하시기에 오랜만에 맛있는 것을 먹나 했지만
아버지가 나를 데려간 곳은 동네 분식집이었다.
라면을 시키시기에 라면 같은 것은 집에서 끓여 드시
하는 생각을 하며 나는 왕돈까스를 먹겠다고 했다.
아무 말도 지나가지 않는 시간들이 간신히 둘의 곁을
힘겹게 비집고 지나가고 있었다.

"담배는 언제 끊을거니?"
"조만간이요."
"금연학교 같은 것을 알아보는 건 어떠니?"
"수십만원씩 한대요."
"무료로 하는 것도 있다던데 그런건 없니?"
"지정병원 가서 약 타는것도 있대요."
"그런 건 얼마나 하니? 십만원 이십만원 하지 않어?"
"그 정도 할거에요."
"얼마 안 하네 그럼 그거라도 알아보지 그래."

얼마 안 하면 약 값 좀 내주세요, 라는 말이 목구멍까지
차올랐다.

어느새 끓여져 나온 라면이 아버지 앞에서 뜨거운 김이 올라오고 있었다. 나는 돈까스를 큼지막하게 썰었다. 잘게 자르면 이빨이 좋지 않으신 아버지가 조금 달라고 할 지도 모른다, 하는 계산이 있었다. 이럴 때면 나도 꽤 영특한 것이 아닌가 싶다. 아버지는 끝내 묵묵히 라면 만을 드셨다.

"담배는 어떤거 태우니?"

예상치도 못한 질문에 나는 당황했다. 돈까스를 썰던 칼이 무뎌졌다.

"그런건 왜 물으세요?"
"혹시라도 외국에 다녀오게 되면 올 때 면세점에서라도 사오게."

할 말을 잇지 못해 머뭇거리자 아버지도 머쓱 하셨는지 조용히 라면을 씹으시다가
다시 이야기 하셨다.

"나도 참 웃기지. 담배 끊으라면서 담배 사다 줄 생각하고 있으니. 그래도 면세점에서 사면 좀 싸지 않니?"

나는 말 없이 돈까스를 먹었다. 여권은 있으세요? 하고 물으려다 말았다. 농담이 통하지 않는 사람이다. 나는 괴로웠던 어린 시절과 지난 날들의 진지함을 견딜 수 없어 일생을 농담처럼 살아가려 한 사람이다. 어느덧 세상은 농담만으로는 살아갈 수 없는 세상이 되었고 나는 어느새 농담보다 우습고 한심한 사람이 되어 버렸다. 돈까스에 딸려 나온 싸구려 스프의 농담만은 맹물처럼 묽고 옅었다. 수묵화로 따지자면 산 허리 부근에 그려진 구름 정도나 될 것이다. 4번과 5번 사이의 디스크를 가로지르는. "대침을 맞아 보라는데?" 아버지는 핸드폰을 들여다 보더니 말씀하셨다. "디스크를 한의원에서 어떻게 고쳐요? 정형외과 가셔야 되요." 나는 영특함을 간신히 내비쳤다. "원래 아프면 이런 저런 말이 주위에서 많은 법이야." 나는 이 말이야 말로 실패한 농담 같다는 생각을 했다.

'담배는 어떤거 태우니?'

나는 집에 돌아와 침대에 누워 날려버린 오전중의 일과를 좀 전에 먹은 돈까스와 함께 빠듯하게 소화해 내며 저 물음에 대해 곰곰히 연구해 보았다.

나를 걱정하는 체 해도 속으로는 전연 아니다. 내가
건강이 나빠지기를 바라고 있다.
나는 차라리 세상이 전부 농담으로 가득차 있고
그 속에서 오로지 나만이 진실되고 진지한 것이었으면
했다.

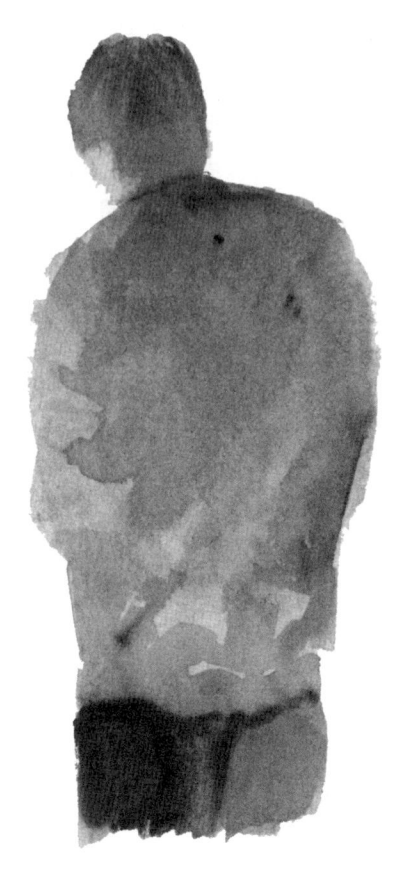

요새는 아버지와 대화를 해보려고 노력하고 있다.

긴 원망의 세월이었다.
아무것도 하지 못하는 핑계로 삼은적도 있다.
부러 아무것도 하지 안 하고
조금 더 부모님 속을 썩이려고 노력 한 적도 있다
늦은 나이에 부린 투정이었다

원망은 아무것도 해결하지 못한다. 사람을 미워해 봤자
나만 힘들 뿐이다. 살면서 충분히 괴로웠다 나도 이제
는 조금 행복해 지고 싶다.

대화를 시도한 이후로 아버지의 표정이 조금 밝아졌다.
아직 서툴고 어색하지만 조금씩 다가서는 척 하면서도
일정한 거리를 지킨다 아직까지 완전히 과거를 잊기에
나는 여전히 어리석고 여전히 고통스럽다

살아있을 이유를 찾자. 하나 둘, 손가락을 꼽아 보려다
아무것도 접히지 않았다는 것을 깨닫는다 가위 바위 보
를 하면 언제나 가위에 지고 바위에는 이긴다 보자기
밖에는

낼 수 없다는 것을 아는 사람에게
바위를 내는 사람은 없다 살아있을 만한 이유를
빨리 찾아 내지 못하면 언제나 질 수 밖에는 없다

악순환이다. 벗어나야 한다. 사실
살아있는 것에는 이유 같은 것은 필요 없다 그냥
살아지는 것인데 특별한 이유를 찾고자 하는 것은 자기
자신이 특별하다고 생각하기 때문이다 살아있는 것에
그럴듯한 이유를 찾으려고 노력 할 수록 삶은 피곤하고
힘들어진다 어짜피 삶에는 아무런 이유도 없는데

아버지가 일자리를 몇 가지 소개시켜 줬다.
나는 차분히 생각해보다가 전부 거절했다. 오래도록
집에서 놀아도 일자리를 소개시켜 준 적은 없었다
내가 마음을 열고 다가서자 아버지도
한 발 먼저 내 딛은 것 처럼 보였다
내가 제안을 전부 거절했을 때
아버지의 표정은 굳었다 아마도
자신의 말에 긍정적인 반응을 보이지 않는 것에
서운하거나 분노한 것 처럼 보였다. 일단
어느 일이든 해 보라. 해 보지도 않고 못 하겠다 말을
하는 것은 옳지 않다
라는 것이 아버지의 논지였으며 나는

나와는 적성에 맞지 않는 일이다. 지금 용돈벌이로 간간히 하는 일이 있으니 조금만 시간을 달라고 했다. 그러자 아버지는

세상에 적성에 맞는 일 따위는 없다
전부 살아가기 위해 어느 일이든 하는 것이다

라고 하셨다. 적성에 맞는 일 따위는 없다는 말이 왠지 살아가는 일에 이유 따위는 필요 없다는 말과 비슷하게 들려왔다 나는 이유가 하나도 접히지 못한 손바닥을 가만 내려다 봤다 왠지 어렸을적 뺨에 쏟아지던 그 손바닥과 닮았다는 생각을 했다 번쩍하고 눈 앞이 빛나거나 폭언이 쏟아지던 그 순간이 다시금 떠올라 등줄기로 식은땀 한 방울이 흘러 내렸다. 다시 눈앞이 번쩍 하겠거니 하고 나는 눈을 질끔 감았다.

"그래 알았다. 언제든 준비가 되면 이야기 해라."

아버지는 예상외로 화를 내지 않고 담담히 이야기 하셨다.

상대가 보자기를 낼 것을 알고도
가위가 아닌 바위를 내는 이들도 있다 그의

이름은 부모다 아무런
이유가 없다고 생각했는데도 어느새
손가락 하나가 접혔다

시작이 어렵다. 시작만 하면 뭐든 할 수 있을 것이다. 손
가락 하나가 접혔다 언젠가 다섯 손가락 모두 접혀 단
단한 주먹이 되는 날도 올 수 있을 것이다 그때쯤이면
나도 깨달을까 홀로 꽉 쥐었다고 생각한 손을 누군가의
손이 마주 잡고 있었음을

부모님과 대화하기 어려운 이들이라면 조금쯤 어리광
을 부리거나 투정을 부려도 좋을 것이다. 어느새 훌쩍
커버렸지만 아직도 부모님 눈에 우리들은 어린 아이처
럼만 보일 것이다. "엄마 나 이거 사줘." 하고 어린양을
해도 좋을 것이다. 그러기 위해 좋은 책 한권을 소개 해
준다. 자, 이제 소리내어 다같이 따라해 본다. "엄마 나
〈30대 백수 쓰레기의 일기〉 사줘!"

안따라했지 아무도?

아버지와 아빠

내가 초등학교에 막 들어갔을 때
어느 날 저녁 아버지가 형과 나를 부르시더니 이야기
하셨다

"이제 봉철이까지 초등학교에 들어갔으니깐 너희들도
이제 나를 아빠가 아니라 아버지라고 부르도록 해라."

나는 아버지랑 아빠랑 대체 무슨 차이인지도 잘 모르겠
고 아빠라고 계속 부르다가 아버지라고 부르는게 막 이
상해 보여서 좀 쑥스럽기도 하고 부끄럽기도 하고 해서
이게 뭔가 대체 하구 그냥 웃고 넘겼는데

그 다음부터 내가 아빠라고 부를 때 마다 아버지는 너
네가 어린애야? 하면서 엄청나게 때리셨다. 그리고 엄
마한테도 더 이상 엄마라고 부르지 말아라. 이제 너네
는 어린애 아니니까 엄마 아니라고 어머니라고 블러라
해서 호부호형을 더 이상 허락하지 않노라 아니 아버지
그동안 아빠라구 엄청나게 불렀는데 더 이상 아빠라고
부르지 말라니요 막 이런 생각 하는데 도저히 엄마한테

는 어머니 소리 못하겠어서 지금까지 그냥 엄마라구 부름

그때 봉철이의 나이 일곱 살 때 쯤이었을 것이다

그 뒤로 계속 아버지라고 부르다가

군대 제대한 뒤에 나도 이제 정말 어른이라고
나를 그만 때리라고 그만 화내고 그만 소리지르고 제발
나를 좀 가만 내버려 두라고 집안을 발칵 뒤집어 놓으
며 아버지한테 크게 한번 화 낸 적이 있었다.

그 다음날인가 아버지는 술을 잔뜩 먹고 들어와서

"꿈 속에서는 니가 나를 아빠 아빠 하면서 잘 따르고 같
이 놀러도 가고 그런다. 봉철아 내가 정말 너를 니 말대
로 아무 이유 없이 마구 때렸니? 이 아빠가 그런 사람이
었니 정말?"

나는 아무 말 안 하고 그냥 속으로 생각했다 아빠라니
요 일곱 살 때부터 아버지는 아버지셨는데요 이 날 뒤
로도 한 번도 아빠라고 부를 생각도 든 적 없다. 그냥
꿈속에서나 잔뜩 많이 들으셨으면 좋겠다. 아버지 꿈에

나오는 나는 대체 뭐하는 애인지 모르겠다. 아버지는 30년 전부터 아버지이셨을 뿐이다.

얼마 전에 밖에 있다가 저녁에 집에 오니깐 엄마만 계셨다. 나도 모르게 "아빠는?" 하고 물어봤는데 아버지가 안방에서 나오다가 그 소리를 들은거 같으셨다. 티를 내지는 않으셨지만 입꼬리가 살짝 살짝 올라가는 것이 기쁨을 참는 것처럼 보였다.

잡문

높은 곳

나는 높은곳이 무섭다.

아래를 보면 아찔하다. 놀이기구를 타본 일이 없다. 놀이기구를 재밌다고 타는 사람들은 변태 싸이코 마조히스트들이라고 생각하다. 인간이 일말의 공간지각능력만 있어도 자신에 신체에 닥칠 위기가 있으면 공포에 직면하는것이 본성일건데 그걸 스릴이라는 요상한 외래어로 포장하며 즐거움을 느낀다는 것이 끔찍하다. 정신적으로 학대 당하는 것을 좋아하는 사람들이라고 생각한다.

하지만 이런 생각으로 세상을 살 수는 없으므로 나는 나를 바꿔보기로 마음 먹었다.

일단 나는 백수라 시간이 엄청나게 많으므로 4층높이의 옥상에 올라가 아래를 내려다 보는 것으로 올 해 여름은 소일하였다. 처음에는 밑에를 내려보는것도 무서워 거의 담에 달라 붙듯이 기대어 아래를 내려보았다. 점점 익숙해 질 수록 땅을 짚지 않고서도 아래를 내려다 보는 것이 가능 하였으나 후들거리는 다리와 한 순간에 중심을 잃고 휘청여 아래로 떨어질 것만 같은 불안감에 밥을 먹지 못하는 공포의 날들이 계속 되었다.

롯데월드가 따로 없었다 거기나 여기나 무서운 것은 매한가지인데 나는 공짜로 놀이기구 값을 벌었으니 아무리 무일푼의 백수라 할지라도 이것은 이득일지도 모른다, 하는 생각을 했다. 이것은 나의 자괴에 조금만큼의 치유를 주었다.

몇시간이고 아래를 내려보던 중 나는 굉장한 것을 발견하였다. 그것은 무더운 날씨 탓에 위에서 내려다 볼 경우 사람들의 정수리를 쉽사리 볼 수 있다는 것이었다. 언제나 사람들을 올려다보았을 뿐 한 번도 다른 사람들을 내려다 본 적이 없는 나로써는 놀라운 발견이었다.

올해 여름 나는 280여명의 정수리를 보았으나
아직도 높은 곳이 아찔하게 무서운 것은 고쳐지지 않았으니 큰 일이다.

해녀 정말 너무 신기하지 않나요?

한번 잠수하면 산소통이나 보조장비 없이 짧게는 10분에서 길게는 2시간 까지도 잠수가 가능하다고 하고 진짜 고수 해녀들은 막 물 속에 수십년씩도 잠수해서 안 나온다고 함. 한참 뒤에야 가족들은 깨닫게 된다함. 그들이 바다 깊은 곳이 아니라 하늘로 갔다는 걸..

한국인들이 열린 결말을 싫어하는 이유

이거에 대해서 심리학자 하나가 분석 했는데 간단하게 보면 1)주입식 교육으로 답이 있는 질문에만 흥미를 보인다, 라는 것. 교육, 학업 수준이 낮거나 지적 능력이 떨어지는 대상에 대해서 간단하고 정해진 답이 있는 메시지를 전달하는 광고의 기본적 기법을 설명하는 마케팅 이론에서도 이 근거를 찾을수 있다. 2) 외국에서 휴전증후군(going-war syndrom) 이라 불리는 이른바 전쟁이 끝나지 않은 국가에서 무의식속에 심리적으로 정신적, 육체적 안정에 대해서 압박감을 느낀 다는 것. 전쟁이 종결되지 않은 휴전국가에서 살아가면서 느끼게 되는 스트레스들이 이른바 '결말'이 확정되지 않는 문제들에 대해서도 비슷한 류의 심리적 압박감을 느낀다는 것... 은 다 거짓말이고.. 단 한 가지 뿐일 것이라고 생각했던 나의 결말도 조금 열려보였으면 좋겠다..

저는 사실 미래를 볼 수 있는 능력이 있습니다

어려서부터 대부분 그랬습니다 헛된 욕심이나 일어날 일에 대한 성급한 오만을 버리고 가만히 앞날을 생각해 보면 어떠한 일이 벌어질지 대충 짐작할 수 있었고 그러한 예감은 빗나간 일이 없었습니다.

지나간 일에 대해 내가 예측할 수 있었다 하는 확신이나 편견이 아닙니다 저의 인생은 제가 살아온 뒤 역시 예상이 맞았어 하는것이 아니라 저의 예상대로 인생이 흘러갔을 뿐입니다. 저의 미래는 결정되어진 것이라 그대로 살아오기만 하면 됐습니다.

그런데 요새 들어 불안한 일이 하나 있습니다.
다음 주는 알아도 다음 달은 모르겠습니다.
이번 겨울은 알아도 돌아올 봄은 보이질 않습니다.
어쩌면 이보다 확실하게 내가 보고 있는 미래는 또 없을지도 모릅니다.
여러분 그동안 수고 많았습니다.
저도 수고 많았습니다.
부디 안녕히 몸 건강히 계십시오.

옛날에 짝사랑하던 여자애한테 큰 맘 먹고 영양제 하나를 사서 선물 한 적이 있었는데

받고서 한참 들여다 보더니 오빠 이거 정말 영양제 지? 나쁜 약 아니지? 같이 죽자는거 아니지? 하면서 몇번이고 계속 물어보고 확신 받고 싶어 하던거 아 직도 기억남..

나중에 보니깐 병 뚜껑 따지도 않고 새거 그대로 놔 둔거 보고 또 상처받음..

내 친구는 MBC 아빠 어디가 절대 안 봄..

자기 태어나자 마자 엄마 도망가고 네 살 때까지 아빠 랑 같이 살았는데 어느날 밤에 아빠가 술먹고 오더니 손에 만원짜리 한장 쥐어 주면서

잘 살아라..

하고 뒷모습 보이고 다시는 안 돌아 오셨다함.. 그때

아빠 어디가? 아빠 어디가?

하고 울면서 쫓아 가는데 아빠는 멀리 떠나가고..

헬스장 그녀, 미싱링크.

헬스장을 저녁시간에 다녔다. 사람이 너무 많았다. 바글바글한 것이 시장통 같았다. 사람이 많은 곳에 있으면 어지럽고 정신 못 차리겠고 그래서 아침시간대로 옮겼다.

아침 시간대엔 사람이 적었다. 할아버지와 아줌마들이 있었다. 놀랍게도 젊은 아가씨가 한 명 있었다. 여자는 붙임성이 좋은지 생글생글 웃고 있었다. 할아버지와 아줌마들과도 안면이 있는지 인사하고 담소를 나눴다. 사람이 북적북적한 저녁 시간대에는 상상도 못할 일이었다.

그녀는 누구에게나 친절한듯 보였고 누구와도 다정하게 이야기를 나눴다.

아침 시간대에 처음 갔을 때 헬스장 문 쪽에서 스트레칭을 하고 있는데 이 여자애가 웃으면서 들어 왔다. 지금 생각해보니 누구에게든 마주치면 인사를 하려 했던게 아닌가 싶다. 물론 나를 보고 흠칫 놀라며 시급히

눈을 돌리기는 했지만서도

결정적으로 이 여자에게 호감을 느끼게 된 계기가 있다. 아무리 한번도 연애를 못해본 나지만 이정도로 여성에게 호감을 갖지는 않는다. 나도 있기는 있다. 인간으로서 최소한의 자존심과 분별력이라는게..

미싱링크 라는게 있다. 진화의 과정에서 있어야 할 증거가 발견되지 않는 부분, 이를테면 100년도의 인류가 500년도의 인류로 진화를 하는데 그 사이에 이런 모습이었을것이라고 추정 되는 300년도의 인류의 증거가 발견되지 않는 것이다.

나는 여성이 한 명의 여성에서 포니테일을 한 여성으로 진화하는 그 숭고하고도 신비스러운 과정을 35년을 살면서 단 한 번도 목격한 일이 없는데

오늘 아침 헬스장에서 자전거를 타고 있던 이 여성이 머리가 걸리적거렸는지 왼손으로 머리를 쓸어 모아 손목에 있던 고무줄로 흐트러짐 없이 완벽하게 묶어내는 광경을 목격했다.

이는 그야말로 기적과도 같은 성스러운 장면이었으며

최대한 타인과 교류하지 않는 것을 미덕으로 삼는 나에게도 이 여자에 대한 신앙에 가까운 경건한 애정의 마음을 갖게 했다.

여러 사람에게 친절하고 다정하며 잘 웃고 인사를 건네는 여자라면 어쩌면 나도 이 시간대에 꾸준히 헬스장을 다닌다면 인사를 하고 가벼운 이야기를 나눌 수 있을지 모른다. 그러다 보면 어쩌면 어둡고 음습한 성격이 밝아지고 여자와 자연스럽게 이야기를 나눌 수 있는 사람이 될지도 모른다. 어쩌면 이 여자야 말로 나와 사람들 사이의 미싱링크를 이어주는 기적같은 발견일지도 모른다.

나는 이런 생각들을 2kg 짜리 아령을 힘겹게 들며 하다가 이윽고 큰 결심을 했다.

내일부터는 헬스장을 다른 시간대에.. 점심 때 쯤에 가야지..

[다이어트] 헬스장은 예쁜 여자들 많은 곳으로 다녀야 되는거 같음

계속 할아버지들 할머니들 모여서
라디오 틀어놓고 고구마 드시는
주민센터 헬스장 다니다가
최근에 동네 헬스장 할인 이벤트 하길래
엄마가 봉철이 운동 다닐래? 하셔서 3달인가 등록 시켜
주심

집안 사정 안 좋은데도 엄마는 내가 저런 거라도 다녀
서 밖에 좀 나가고 외출 좀 했으면.. 하는 마음이신 거
같음..

내가 요새 살 많이 쪘는데도 맨날
밥좀 먹어라 제발 엄마 부탁이야
하시는 거 보면 엄마는 그냥 날 보면 걱정 뿐이신 거 같
음..

여튼간에 젊은 사람들도 많고 예쁜 여자들도 많은 헬스
장에 다니게 되었는데 막 귀찮고 가기 싫어도 한 번이
라도 더 가게 되는 거 같고

팔에 힘도 더 들어가고 으쌰으쌰 영차영차 하게 되고
막 사람들은 날 보구 악 저 돼지 뚱땡이 아저씨 좀 봐
왜 저러구 살지, 하구 생각하겠지만 (거기다가 내가백
수라는 걸 안다면 더 경멸하겠지! 혐오하겠지!) 그래도
나는 좀 신나고 젊어지는거 같고 운동도 열심히 하게
되는 거 같음

그리구 헬스장은 여자들 대부분이 포니테일이라 정말
너무 좋음.. 천국에 온 거 같음..

헬스장 오는 여자중에 엄청 예쁘게 생겨서
아령도 막 나보다 더 무거운 걸로 하고 운동 열심히 하
는 여자 있어서 나도 사람인지라 막 혼자 설레여하고
두근두근 하고 또 수줍은 소녀 마음으로 볼 빨개져가면
서 헬스장 다녔었는데

요새는 또 일부러 예쁜 여자 없는 시간대에 가서 나는
고행중인 스님이다 금욕해야 된다 이 고통을 이겨내고
나를 깎아내면 삼라만상의 진리를 깨닫고 인간사의 모
든 번뇌를 벗어 던지고 나는 다시 태어나서 더 멋있어
져서 예쁜 여자들 앞에 멋진 모습으로 설 수 있다

이런 생각들로 일부러 여자들 없고 아저씨들이랑 할아
버지 할머니들 있는 시간대에 가서 운동 으쌰 으쌰 하
고 있으면 이게 대체 또 뭔 짓인가 싶음 이럴거면 그냥
다시 주민센터 헬스장 다니지...

오늘의 커피 1,900원

커피 1,900원
자전거 타고 간 시간 5분
핸드폰 배터리가 다 떨어질 때까지 노래를 듣고 앉아
있었던 시간 40분

오늘 한 생각:
사람들도 많이 다니고
건물도 참 많다
저 건물들 중에 한 곳이라도
내가 들어가서 일 할 수 있는 곳이 있었으면 좋겠다. 나
도 돈을 벌고 싶다.
어제는 김장을 했다.
배추를 아홉 포기 김치를 담았다.
엄마는 김치를 옆집에 혼자 사는 할머니에게 가져다 줬
다. 나는 이 할머니가 김치가 맛 없다고 다른 집 아줌마
에게 흉 보는 소리를 오늘 우연히 들었다.

이 얘기는 어머니에게 할 수는 없다.

가만히 앉아서 커피를 마시면서
사람들이 지나가는 것을 보고
가게들을 하나 하나 지켜 보다가
정신병원이 눈에 띄었다.
다시 정신과에 가 봐야 되나 나는 요새 생각중이다.
이제는 10년도 훨씬 넘은 스무살 무렵에 나는 정신과에
가서 약을 타오고
진단서였나 영수증인가를 서랍에 놔뒀었는데
엄마가 그걸 방청소 하다가 보셨나 보다.
그 날은 난리가 났었다.
새벽에 나는 분노한 아버지에 의해서
팬티만 입고 집 밖으로 쫓겨났었다.
정신력이 그렇게 약한 새끼라면 자신이 정신을 강하게
만들어 주겠다며

추운 겨울이었다. 온 몸이 꽁꽁 얼어 붙어 왔다. 해병대
를 보내겠다는 얘기도 했다. 해병대를 가지는 못했지만
나는 당연하게도 군대에서도 잘 적응 하지 못했다.

나는 그 이후로 정신과에 가지 않았다. 정신도 단련이
가능한 것인가? 달궈진 쇠를 두드리면 더 강하게 변모
하는 것 처럼 나의 나약하고 뒤틀린 정신도 쓸모있고
강해질 수 있는 걸까?

애인과 동반자살을 시도하고 맨날 죽는 소리만 하던 일본 소설가 다자이 오사무에게 역시 소설가 였던 미시마 유키오는 '냉수 마찰과 꾸준한 맨손 체조로 이겨 낼 수 있는 일을 가지고 매일 죽는 소리만 한다' 며 비웃었다.

미시마 유키오는 극우의 길로 빠져들었는데 결국 자신의 신념과 의지라는 것을 관철시키기 위해 할복으로 자살했다. 이 할복자살의 충격으로 미시마 유키오의 스승이던 〈설국〉의 가와바타 야스나리도 자살했다.

자신의 신념과 의지를 관철시키기 위해 할복이라는 수단을 사용하는 사람은 어떤 사람일까?

나는 의지도 신념도 없는 3백쓰(30대 백수 쓰레기(이건 내가 만들어낸 말이다 나도 신조어를 만들어 낸다 젊게 산다)) 이지만 요새는 이 미시마 유키오 란 인물에 대해 흥미가 많다. 언제 도서관에 가게 된다면 미시마 유키오의 저서들을 읽어 볼 작정이다.

세상에는 사람도 많고 건물도 많고 건물에는 가게들도 많다. 나도 언젠가는 저 가게 중에 하나에서 일도 하고 돈도 벌고 저 사람들 중에 단 한 곳에라도 소속되어서 살아가고 싶은 신념과 의지가 있다.

노숙의 역사

오늘은 신발을 벗고 거리에 앉아
2000원짜리 커피를 마셨다.
지난 번 5900원짜리 커피는
아무리 절약을 하지 않는 방탕한 삶을 다짐한 나지만
아무래도 좀 무리가 아니었나 싶다.

나는 사람들을 구경하는 것을 좋아하는데
친구가 없는 나에게도
이러한 행위는 어느 정도의 소속감과 일체감을 주며
지나가는 사람들이 어떤 생각을 하고 어떤 삶을 살아
왔을지를 생각해 보는 것이 즐겁기 때문이다.

나는 나의 이러한 취미를 발판으로
조만간에 노숙인의 삶을 살 다짐을 했다.

30대 백수로 사기나 당하고 사는 나는
고심 끝에 인간으로서의 모든 자격을 해체하기로 했고
집안에서의 무언의 압박도 점점 더 나를 죄어 오기 때
문이다. 사실 지금과 별 다를것 없는 삶일 것이다. 나의
행색은 초라하고 주머니엔 들어있는 것이 없으므로 마

음만 먹으면 지금 당장이라도 가능하다.

오래전 부터 노숙인들의 사진을 찍고 혼자 소중히 간직하고는 했는데 어쩌면 이러한 나의 미래를 예견하는 일이었는지도 모르겠다.

그렇다면 그 때는 정말 이 애증의 기록들도 끝이다. 하지만 오랜 습관을 버리지 못해 어디서 분필같은 것을 줏어와서는 길바닥에 "30대 노숙인의 일기 - 오늘의 맛집: 복덕방 앞 잔반 그릇" 따위를 적고 있을지도 모르겠다.

〈거지들의 왕 - 콰지모도〉

따듯한 햇살을 맞으며
거리가 제집인양 신발도 벗고 앉아 커피를 마시며
나는 제법 진지하게 이런 생각들을 했다.

정말 이래도 되는가 하는 마음이 있다 안 될 건 또 뭐냐
하는 마음도 있다 안 될 건 또 뭐냐 하는 마음이
이래도 되는가 하는 마음을 이길 때 삶은 언제나처럼
또 나락에 빠져들 것이다.

동네 오락실 노래방에서 노래 부르는데
주인 아저씨가 쫓아냄..

동네 오락실 있길래 가봤는데
좁은 박스 같은 데서 한곡에 300원 넣으면 노래 할 수
있는 코인노래방 있길래 백수로 지내기도 심심하기도
해서 동전 모아서 매일 천원 들고 가서 노래하고 왔음

너무 신기했음 번호 누르면 노래 반주 나오고 가사도
나오고 그거 따라 부르면 되는 건데 가사위에 색깔 막
바뀌면서 거기 박자 맞춰서 노래 부르면 되는 거임

요새 새로 생긴 취미로 동전 없으면 엄마 아침에 출근
할 때 벌떡 일어나서 엄마 나 천원만 하면 엄마가 한숨
에휴하고 쉬시면서 천원짜리 펴져주심

그거 들고 가서 노래하고 오는게 취미였는데 오늘은 아
저씨가 갑자기 들어와서 노래 끄더니 삼백원 주면서 나
가라고 함 집에 가라고

왜냐고 용기내서 물어보니깐 아저씨 낮잠 자야 되는데
시끄럽다고..
삶의 낙이 하나 또 없어짐.. 굿바이...얄리..

[다이어트] 요새 살뺄려구 중랑천을 조깅하고는 하는데여

　막 외국 영화 보거나 중랑천이나 한강변 조깅할 때 보면 외국인들 웃통 벗고 뛰는 거 가끔 보이는데 그게 좀 멋있어 보여서그거 보고 저도 웃통 벗고 한번 뛰어 봤는데 자전거 탄 경찰이 쫓아와서 뭐라 하더라구여..

　살빼는 일도 쉽지는 않네영..

무서운 여고생 (2)

밤 열한시 경에 들른 편의점에서 목도한 광경이다.

여고생 둘이 교복을 입고 편의점 안에 앉아 이야기를 나누고 있었다.

"나도 여자애들이랑 친하게 지내려고 많이 노력 했어. 근데 애들은 내가 예쁜 것만 봐."

염색을 하고 화장을 진하게 한 여자애가 이야기 했다. 조금 수수해 보이는 다른 애는 묵묵히 고개를 끄덕였다.

공포의 기록.

미인은 자신이 미인인 것을 안다. 마치
내가 스스로 추남인 것을 아는 것 처럼.
나이의 많고 적음을 불문하고 미인은
그 스스로의 아름다움을 아는 것이다.

그리고 이는 간혹 시기나 질투의 대상이 되기도 한다. 물론 성격이나 다른 부분에서 미움을 살 이유가 있기도 할 것이지만 그런 부분에 대한 것은 내가 세세히 알 수 없다.

'애들은 내가 예쁜 것만 봐'

이 문장을 듣고 나는 감복하여 이 글을 쓰는 것이다.

급우들과 우애 좋게 지내지 못하는 것에 대한 원인이 분명 본인의 '예쁨' 에서 올 수도 있는 것이지만 자신의 '예쁨'을 기정사실화 하고 그것을 어떤 사건에 대한 원인으로서 객관화 시켜 이야기 할 수 있는 당당함과 자신감에 나는 감동하고 조금 놀라기까지 했으며

사람의 눈을 쳐다보고 이야기 하거나 얼굴을 똑바로 바라보지 않는 것을 미덕으로 하는 삶을 살고 있는 나에게도 순간 용기를 내어 과연 얼마나 예쁜 것인가를 확인할 뻔 하였으나 나의 올곧은 심성과
대쪽같은 쑥스러움으로 간신히 참아내고
컵라면을 고르는 것에 전념 할 수 있었다.

아마도 이런 아이들은, 남자 아이들과도 서스럼 없이

친하게 지내고 밝고 명랑하며 다재다능 하여 사람들의 주목 받는 것을 즐거워하며 그런 부분이 다른 일부 아이들에게는 좋지 못하게 보여 미움을 사는 것이 아닐까

삼각김밥을 눈 앞에 두고 전주비빔과 참치마요 사이의 오묘함을 고민하다 나는 이런 생각을 하였는데 정작 눈에 들어온 것은 통치킨 데리야끼 맛,

'나도 많이 노력을 했어 정말'

그 말을 들은 친구는 묵묵히 계속 고개를 끄덕일 뿐이었다. 둘의 앞에는 빈 컵라면 용기가 놓여 있었다. 화려하지 않고 수수하고 소박해 보이기까지 하는 이 친구는 어떤 마음으로 이 말을 듣고 있었을까.

그 마음은 결코 알 수 없다. 언제나 정말 궁금한 것은 결국 알 수 없는 채로 남아있게 되는 것이다.

계산을 하고 편의점 앞에서 담배를 태우고 있는데 아이들이 나오는 것을 보았다. 나는 계속해서 궁금했지만 끝까지 도대체 얼마나 예쁜 것인지 확인하지 않았는데 이는 마지막으로 남은 나의 일말의 양심 때문이었을 것이다.

손톱 물어 뜯는 습관 있는 사람 치매(알츠하이머) 위험성 높아진다 함

불안하구 이러면 손톱 물어뜯는 습관 있는 사람 많은데

그 옛날에 광우병이 한참 논란이 됐던게 간단하게 말하면 사육하는 소한테 식물성 사료가 아니라 동물성 사료 심하게는 다른 죽은 소를 가공해서 만들어서 그걸 소가 먹으면 막 소 뇌에 구멍이 송송 나서 그게 문제가 된다구 되는 건데 이게 어떻게 보면 전지적인 존재에 대한 생각 까지 해 볼수 있는게 동족을 식용으로 사용하는 행위, 카니발리즘에 대함 신체적 마지막 경고가 아닌가 싶음

문명이 전파 안된 원시생활을 하는 어느 섬 부족에도 아직 식인 풍습이 남아 있는데 그 사람들 뇌를 보면 막 광우병이랑 비슷하게 뇌에 문제가 생긴 걸 볼 수도 있다고 함

여튼간에 몇년 전 있었던 미국 소 수입 논란과는 무관하게 광우병이란 대략 이러한 방식으로 나타나는건데

사람의 경우에도 손톱을 물어 뜯는다던가 손톱 옆에 삐져나온 살을 뜯어 먹는다던가 입술 안쪽의 살을 뜯어 먹는다던가 하는 등의 동족이나 자기 자신의 신체의 일부를 구강을 통해 섭취하는 행동을 통해 알츠하이머가 발현할 수 있다는 연구 결과가 있을수도 있고 없을 수도 있는데 이를 예방하는 가장 효과적인 방법으로 미식약청에서는 유산균이 풍부한 발효음식인 gs25에서 판매하는 오모리 김치찌개 라면을.. 뻥임.. 역시 치매는 제가 걸렸나 봄..

욜로 욜로 하는데 YOLO 뜻이 대체 뭔가요?

YOLO가 You only live once 라구
우리나라에서는 인생은 한번이니깐
도전해라 하고 싶은 거 하면서 살아라
이런 낭만적인 느낌으루 많이 쓰이는 거 같은데여

이게 우리나라에서 LOL 같은 인터넷 게임 하는 애들이
패드립 치구 막 인신공격 엄청 하구 내일이 없는 것 처
럼 욕하고 그러는 것처럼

북미(north america(which including 미국 캐나다 이
런거) 피플들이 게임하다가
트롤링 하구 게임 막 던지고 같은 팀한테 피해 입히면
서 YOLO 이러면서
어짜피 한번 하는 게임 나는 해보구 싶은 거 했다 이러
니깐
이새끼 인생 한번 사냐? 하구 총들구 쫓아가서 죽인다
구 YOLO YOLO
하다가 유행한 단어라구 함 우리나라에서는 꽃보다 청
춘 아프리카 편에서

나와서 낭만적인 의미로 많이 쓰이구 있다구 하는데

그래서 YOLO 같은거 말구 YALE 쓰면 어떨까여 이건 제가 만들어 낸건데 You already live enough 라구 한 번은 역시 좀 길지? 하는 느낌으로

너두 살만큼 살았어 인생 다 알어 그정도 했으면 할 만큼 했어 충분해 무리 하지마 그렇게 까지 열심히 살 필요가 있어?

하는 의미로 사용해 주시면 됩니다. 저야 인생에 대해서는 한 개두 모르지만 이 말 만큼은 당당하게 할 수 있네여 야레야레..(YALE YALE..)

마음

마음. 내가 가져보고 싶었던, 의 말을 차마 내뱉지 못하고 삼킨다. 차마 의 심정으로 얼마나 많은 말 들을 말하지 못하고 삼켜야 했던가.

마음은 주로 책상의 두번째 서랍 속에 혹은 필통 속 심이 부러진 연필들과, 냉동실 속에서 정체를 알 수 없는 채 처박혀 몇 달인지 몇 년인지가 지난 검은 봉지들 속에, 나를 보는 니 눈빛 속에 있다. 중요한 것은 닫혀 있다는 것. 혹은 바지 주머니 속에 손을 찔러 넣을 때 마다 손가락 끝에 간혹 닿다가 언젠가 먼지와 함께 한데 뭉쳐 흩날려 버렸을 지도 모를 일이라는 것.

커피숍 테라스에서의 흡연은 불법이라 나는 펜스에 커피를 세워두고 한 걸음 나가 담배를 태우고 다시 앉았다. 마음, 닫는다 와 닿는다 사이에서 결국 내가 마음을 갖지 못한건 맞춤법에 미숙한 탓인가. 불법과 합법의 경계를 나는 삶과 죽음의 경계라도 되는 것 마냥 여기어 결국 모든 것은 한 걸음 내 딛는 일에 달린 것이라는 것. 마음은 그 경계에, 아슬아슬하게 홀로 버티며 서 있었다.

왜 나는 니 앞에서 말을 더듬었을까

너를 더듬고자 하는 나쁜 마음도 없었는데
더 들어가보고 싶었을 뿐인데 너의 마음에
더 들어 볼 것도 없다는 듯 니가 돌아섰을 때
다들 어디로 가 버린 걸까 내가 사랑했던 사람들은

찢어진 청바지가 좋다.

거짓말이다. 찢어진 옷가지를 입는 파격을 자행할 용기가 나에게는 없다. 게다가 청바지도 아니다. 10년전인가 인터넷으로 샀던 순면 소재의 하늘색 바지 결국 구멍이 나 찢어져 버렸다.

외모가 흉하면 꾸미는 것에는 의미가 없다. 오히려 네 까짓게, 하고 사람들의 비웃음을 살 뿐이다. 단정하게, 가급적 단정하게라도 입자. 머리를 길러 본 적도 화려한 옷을 입어 본 적도 없다. 버리지도 않고 몇년 씩이나 입어 걸레로도 못 걸칠 누더기를 입고 다니면서도 단정한 옷차림을 나의 선이자 도덕으로 삼아 왔다.

외출을 하는 길에 어머니가 나를 불러 세웠다. 바지에 구멍이 났다. 나의 가난이 드디어 여기까지 왔구나. 흉측한 외모에 단정한 옷차림을 유일한 미덕으로 삼는 나의 마음에도 구멍이 났다.

갈아 입을거 없니?

하는 어머니의 물음에 묵묵히 고개를 저었을 때는 만원
짜리 두어장이라도 건네 주며 옷을 사라고 말씀해 주시
기를 간절히 바랬으나
어머니는 말을 잇지 않으셨다.
나는 결국 집에서 여기까지 와 버렸구나. 아무 곳에도
가질 않고 누구보다 더 하루 종일 집에만 있는데도 나
는 바삐 자꾸 어디론가 가 버린 모양이다. 구멍이라도
있으면 빠져버리고 싶은 심정이다.

하늘에 구멍이 났으면 좋겠다. 비가 쏟아지는 틈새로
어거지로 기어 올라가 비집고 들어가고 싶다. 얼마전
꿈에서 봤던 터널이 자꾸만 생각이 난다. 들어가면 안
된다는 생각에 덜컥 겁을 집어 먹었으나 나를 말린 것
이 무엇인지 누구인지 그것부터 먼저 생각해 낼 요량으
로 오래 고민을 해 보았다. 언제나 한 걸음 내 딛는 것
이 중요하다. 세계 최후의 비를 맞으며

겉과 안의 경계에서
아래로는 오래된 신의 경전을 읽고
떨어져 버린 마음을 주어 담지 못해
그 순간이 부드럽고 달콤하기를
그럼으로써 구원으로의 한 발

견뎌낼 수 있을까 8월의 태양을

견뎌낼 수 있을까 8월의 태양을
이겨낼 수 있을까 모든 것을
꿰뚫어 보는 듯이
쏟아지는 햇살을
답장이 오지 않는 이력서들
모든 것을 태워버릴 것 같던
뜨거움이 사그러진 자리에서 나오던
아버지의 한숨 나의 고독
당신의 절망, 그 사이의 어머니의
고된 노동
이겨낼 수 있을까 8월의 태양을
감당해 낼 수 있을까 올해의 태양을
8월이 오는 매 해를
다시 또 볼 수 있을까

짝사랑의 묘미

짝사랑은 짝을 찾았을 때야 말로
짝사랑에서 짝이라는 글자를 제외한 사랑이 가능하다
는 점에서
이를테면 짝사랑의 아이러니 같은 것이 있을 수 있는데
일평생 짝을 찾거나 누구에게도 사랑을 받지 못하고
짝사랑만을 해 온 나에게는 정말이지 불가능한 일이 아
닐 수 없다.
혹여나 내가 이 짝사랑의 시작에
짝을 따로 떼내어
사랑이 되고자 하고자 시도하게 된다면
반드시 짝 소리가 나게 돼 있다. 나의 얼얼해진 뺨과
그녀 혹은 그의 손 끝에서

올림픽에 즈음하여..

한 경기도 본 일이 없습니다. 애초의 사람의 승부라는 것에는 관심이 없습니다. 이를테면 다툼을 벌이느니 먼저 저버리자, 하는 마음으로 살아 왔습니다. 월드컵도 올림픽도 본 적이 없습니다. 그런 저에게도 노가다를 나가서 점심시간에 사람들과 밥을 먹을 때면 눈은 올림픽 중계를 틀어 놓은 TV에 가 있습니다. 보는 척을 해야 겠지요 아무래도 건강한 30대 남자라면 으레 스포츠 정도에는 관심이 있어야 한다
하는 것을 보여 줘야 겠지요 정신의 건강한 척을 그런 식으로도 부려 보아야겠지요

이쯤 썼는데 일을 나가야 해서 그만 씁니다.
일을 나가기는 싫지만 어쩔 수 없는 일입니다 이런 것이 조금쯤 사람의 삶과 닮아 있을지 모릅니다.

올림픽 경기에 출전하려고 훈련하고 시합에 나가 고도의 집중을 벌이는 선수들의 1분 1초는 저의 평생보다 훨씬 값진 것일 것입니다. 10만원이 넘는 옷들을 빠르게 폴리백에 집어넣으며 저는 오늘 하루 종일 일을 해

도 이 옷 한벌을 못 사는 구나 하는 생각에 조금 허탈해
하겠습니다. 날도 더운데 박스는 조금만 옮겼으면 좋겠
습니다.

양궁이고 사격이고 그들의 진심은 과녁의 정중앙에 만
점을 쏘기위해 존재하는 것이겠죠. 저의 진심을 일부러
허투로 쏴 본적은 없습니다 단지
활을 놓아버렸을 뿐. 살면서 한 번도 진심 같은 것을 갖
어 본적 없는 저도 한번쯤 진심 비스무리 한 것을 같게
된다면 그것은 반드시 실패하지 않고 과녁의 만점을 꿰
뚫는 것이었으면 하는 바램이 있습니다.

그러기 위해서 활은 놓아버렸어도 여즉까지
화살은 놓지 않고 살아왔는지도 모릅니다.

"지샤츠 시떼!"

동네 편의점 알바가 일본 여자애인데
아마 근처 대학 교환학생이나 어학원에 다니는 학생인
거 같다.

한국말도 어눌하고 말도 잘 못 알아듣고
튀어나온 앞 이빨이 귀여워서 여느 때와 같이
남몰래 흠모하고 있었는데

이역만리.. 까지는 아니더라도 현해탄 너머의 타지에서
혼자 공부를 하며 아르바이트를 한다는 것
그 외로움을 나는 조금쯤 알 것만도 같아서
가끔 가면 한국말로 대화도 하고
마이쮸 같은 것도 사서 나 네개 걔 세개 주고 나눠먹고
민나상 오하이오~~ 같은 간단한 일본어로
말을 걸고는 했었는데
이는 그녀의 외롭고 고독한 심정을
이용하여 친해져 보려는 비열함이 아니었나 싶어
잔뜩 혼자 신나서 그녀에게 말을 걸고
쮸쮸바를 물고 집에 오는 길에

늘어진 그림자를 볼 때면 나는 또 부끄러워졌다.
여하튼간에 나는 그녀와 좀 더 가까워져보고 싶어서
초급 일본어를 공부하기 시작했는데
산뽀 다이죠부? 이런거 막 연습해서
산책이나 가실까영 을 말 해보고 싶었는데
어느 순간부터 편의점 가서 그녀에게 말을 걸 때마다
웃는 얼굴로 "지샤쯔 시떼.. 지샤쯔 시떼."
하고 중얼거리는 것을 발견하게 되었다.

고항 타베따? 를 말하려던 말문이 막혀버렸다.

아직도 자기 전에 침대에 누워 눈을 감으면
웃으며 지샤츠 시떼. 하던 그녀의 맑은 미소가 떠오른
다.

*지샤츠 시떼. 자살하라는 뜻의 일본어.

MBN 대작 나는 자연인이다의 슬픔

요새는 정말이지 아무것도 안하고
침대에 누워서 나는 자연인이다랑
기막힌 이야기 실제상황만 들여다보고 있는데

사기를 당하고 배우자가 바람이 나고
사업이 망하고 몸에 큰 병이들고
사람에 지치고 삶에 절망한 이들이
마지막으로 찾아간 곳인 산에

이승윤이나 윤택이 찾아가서 1박 2일 동안 같이 밥해먹
고 일하고 놀고 그러는데 밥 먹는거 보면 좋은 재료 같
은거 엄청 써서
굉장히 건강하게 잘 챙겨 먹고 공기도 좋고 물도 좋고
벌도 키우고 꿀도 담그고 막 이런 거 보다보면
아 정말이지 자연이 최고구나 하고 생각이 들다가도
어느 집은 막 보일러도 있고 침대도 있고
이런 거 보다 보면 어 우리 집 보다 좋은 거 같은데?
하고 생각이 들다가 저 집에는 왠지
플스도 있고 노트북도 있고 인터넷도 있고

방송 끝나고 스탭들 다 돌아가면
컴퓨터로 오버워치도 하고 리니지도 하고
그럴 거 같은데;;; 하는 생각이 드는 것이다.

이 프로그램을 보다 보면서 가장 가슴이 아픈 순간은
이 사람들이 어떻게 살아왔고 어떤 괴로운 일이 있어서
이렇게 혼자 은둔하여 산에서 살아가고 있는지
그 삶의 이력을 보는 것 보다
오랫동안 사람들과 말을 안 했었는지
사람에게 관심이 없는 듯한
조심스럽고도 무심한 말투로 느릿느릿하게
하나 하나 마음의 문을 열어가다가
사람에 지쳐 혼자 살기 위해 산으로 들어왔다는 이들이
모든 촬영이 끝나고 스탭들이 집에 돌아갈 무렵에
윤택이 가방에서 주섬 주섬 아버님 형님 제가 작은 선
물하나 준비했습니다
라며 모자나 잠바 같은 것을 주면
그것을 건네 받고 손에 꼭 쥔채
한참이고 그들이 떠나가는 뒷 모습을
하염없이 바라 보며 촉촉히 젖어 들어가는 자연인들의
눈가를 보는 순간일 것이다.

나는 자연인들 처럼 산에 들어가면 어떻게 살아갈 것인

가 방은 어떻게 꾸미고 집은 어떻게 만들고
이런 거를 생각해 보는 것이 유일한 취미인데
갑작스레 깨달은 것은

해가 저문 밤이 나의 자연이고

아무도 문을 두들기지 않는 방이 내가 틀어박힌 산이
아닌가

윤택이든 이승윤이든 아무도 찾아오지 않았으면 좋겠
다.

하루 밤 사이 떠나가는 그들의 뒷 모습을
나는 도무지 견뎌낼 자신이 없다.

죽을까 하는 마음이 있다

살고자 하는 마음이 있다 한 쪽이 다른 쪽으로 치우치면
끝이 나는 잔인한 방식의 시소다 각오는 되어 있다
말을 했어도 역시 기우는 것은 두렵다 하나 둘
마음 속으로 중요한 것들을 얹어 본다 사랑
미소 정의 신뢰 아무래도 무거워지질 않는다 다른 한 쪽에
있는 것을 본다 사랑 미소 정의 신뢰 무엇을 양 쪽에
같은 것이 실려 있어도 그 무게는 다르다 이렇다면
내가 할 수 있는 것은 없다. 조심스레 다른 것을 얹어 본다
간악함 거짓말 흉계 그래도 마음만은 어디에도 담지 않는
다
마음은 정 가운데에 사랑과 미소 사이에서 어느 것에도
치우치지 않고 묵직하게 얹어 놔야 한다 그래야
사랑에도 미소에도 정의에도 신뢰에도 간악한 거짓말에도
흔들리지 않을 수 있다. 마음을 정해 놓고
드디어 한 발 극단의 끝에 무게를 담는다. 꿈쩍도 않는 시
소에
나는 고개를 들어 밑을 본다. 나는 왜 시소 하나도 마음대
로 탈 수가 없나
하니 시소는 혼자 탈 수 없는 놀이이다. 둘이서 하는 놀이

는 해 본 적이 없다
사랑도 미소도 정의도 신뢰도 다시금 고개를 들어 아래를
본다

어머니..

미움 받지 않을 용기

세간에 몇 년간 미움받을 용기라는 책이 인기다. 아마도 자존감이 낮은 이들을 위한 심리학 비스무리한 책인 것 같은데 블로그를 하다 보면 나에게 이 책을 추천해 주는 이들이 많다. 하지만 돈이 없으므로 한 번도 사 읽어 볼 엄두를 내 본적은 없다.

미움 받을 용기 라는 것은 참으로 거창한 제목이다. 미움 받는 것에 어찌하여 용기가 필요한가. 나의 36년은 오로지 미움 뿐이었다. 나처럼 외모도 성격도 인성도 엉망인 인간은 오히려 타인으로부터 호감을 받을 용기 같은것이 필요로 하다. 누군가로부터 조금의 호감이나 칭찬만 들어도 얼굴이 빨개져서 안절부절 못하고 잘 하던 것도 왠지 누군가가 좋은 말을 해 버리면 그 순간부터는 얼굴만큼이나 엉망진창이 되어버려 아무것도 하지 못하게 되어버린다.

미움은 일생을 통해 받아온 것이므로 딱히 이 일에 용기가 필요하다는 생각은 하지 못했다. 미움은 늘상 받는 것인데 어찌 용기따위가 필요하랴. 나같은 종류의 인간은 어디 가서 뭘 해도 욕을 먹고 미움을 산다. 이를 테면 숨만 쉬어도 미움을 받는 밉상이다. 오히려 미움 받지 않을 용기 같은것이 필요 한게 아니가 싶어 이 글을 쓴다.

첫째로 미움을 받지 않으려면 일단 남 탓을 하면 된다. it's you not me 라는 릴리 앨런 선생의 앨범명 처럼 내 잘 못 아니야 니 탓이야;;;; 라고 해 버리면 마음이 편하다. 남 탓이야 말로 세상을 평화롭게 살아가고 자존감을 높이는데 가장 큰 도움을 준다. 이를테면 노가다를 한다고 가정하자. 운전할 줄 아는 이를 찾는데 아무도 손을 들지 않아 미숙한 내가 손을 들고 차를 몰고 가다 헤메어 한 시간 걸릴 거리를 두 시간 반 걸려 도달하였다. 이때 운전이 미숙하여 죄송합니다! 하는건 하수다, 오히려 이 미친 새끼들 지들이 운전 할줄 알면 지들이 하지 지들 편하자고 가만있다가 왜 나를 탓하나! 하고 비웃어 주는 것이 진짜다. 슬플 때 우는 것은 하수, 슬플 때 웃는 것이 일류다, 그렇다면 나는 웃을 일도 울만한 일도 만들지 않기 위해 슬플 일 자체를 피한다. 이것이 진정한 미움 받지 않을 용기의 프로인 것이다.

둘째로 미움 받지 않으려면 미움 받기 전에 상대방을 미워하면 된다. 상대방의 가치를 깎아내리고 미워하는 것으로 그녀 혹은 그가 하는 모든 행동에는 의미가 사라진다. 꼴보기 싫은 인간이 하는 행동이나 말에 어떤 의미를 두겠는가. 세상 사람들은 어짜피 나를 미워하기 마련이므로 누구보다 앞장서서 세상같은 것을 비웃고 비난해 버리면 오히려 그제서야 마음이 편해진다. 길가는 누구라도 미워해 버리자! 당장이고 편의점 아르바이트 생이나 길 가는 노인이나 하다못해 풀 한포기 꽃 한 송이 마저 미워해버리자.

셋째로 미움 받지 않을 용기에서 가장 중요한 것은 누가 나를 미워하기 전에 내가 먼저 나를 미워해 버리는 것이다. 그렇다면 나 스스로의 자학에 취해 누구의 말도 귀에 들려오지 않는다. 내가 뭐 이런 새낀데 나 원래 이런 새끼인데. 연인들이 싸움이 있을때 여성들이 한번쯤은 꼭 사용해 본다는 문장인 "오빠 나 원래 이런거 몰랐어?" 가 가장 좋은 예라고 할 수 있다. 스스로를 깎아 내리고 무시하자, 나 조차도 나를 싫어해버리자. 방금 전에 욕한 길가에 꽃 한 송이 풀 한 포기보다 못한 인간이라고, 지렁이나 갯강구 같은 존재라고 스스로를 칭해버리자! 내가 나를 욕하는데 누가 거기에 더 침을 뱉겠는가. 사람들은 의외로 웃는 얼굴에는 침을 잘 뱉는다. 정말 침을 뱉을 수 없는 사람은 이미 자신의 침으로 뒤덮여 버려진 광인의 얼굴이다.

여기까지 읽어줘서 감사하다, 라는 말을 하고 싶지만 나는 이러한 허례허식으로 미움 받고 싶지 않으므로 생략하겠다. 마지막으로 남기는 말은 이 세가지 용법을 자연스럽게 사용하는 것으로 여러분들의 실제 이용에 도움이 되었으면 한다.

이런 말도 안 되는 글을 귀하의 소중한 시간을 투자해 읽어 내린 것은 아무래도 이 글을 쓴 저보다는 읽은 여러분들의 잘못이 큽니다. 대체 왜 이따위 글을 읽으신 건지 도무지 이해할 수가 없네요. 아무래도 제가 병신이어서 그렇겠죠 죄송합니다. 죽을 죄를 지었습니다. 30대 백수 쓰레기가 뭘 알겠어요..

[본격 실화 극장] 군대에서 죽을뻔 한 이야기.

여자들이 가장 싫어하는 이야기가 축구이야기 군대 이
야기 군대에서 축구한 이야기라길래
평생을 여자들에게 인기 없어본 나도 왠지 모르게 조심
하게 되서 축구야 해본적도 없고 잘 알지도 못하지만
군대도 나야 할 이야기가 좀 있어도 가급적 삼가하고
있는데 토요일 오전 할것이 없어 가만 누워있던 와중에
불현듯이 10년전쯤 군대에서 죽음 직전까지 갔던 이야
기가 떠올라 적어 본다.

나는 평택에 있는 미군부대에서 카투사로 복무를 하였
는데 일자무식의 내가 미군부대에 들어가는 행운을 얻
은 이유는 원체 소심하고 낯가리고 사람들과 잘 어울리
지 못하는 성격의 내가 일반 육군부대에 들어가면.. 아
마도 오래 버티지 못하고 나쁜 선택을 할것 같았기 때
문이다.

때문에 당시에 토익 공부를 열심히 하여 운좋게도 카투
사로 복무를 하게 됐는데

주말마다 나올 수 있고 저녁 5시 일과 종료 후에는 1인 1실에서 자유로운 생활이 보장되고 밥이 맛있고 뭐 이런 알려진 편한한 군생활 이면에는 또다른 어둠이 기다리고 있었다.

스스로 자주 국방을 할 수 없는 나라라서 미군들이 지켜주러 왔다는 자부심. 당시 한달 월급 6만원 가량의 육군 이등병과는 다르게 초봉이 200만원이 넘어가는 미군 이등병과의 경제적 격차 아무리 토익 공부를 열심히 했다고 해도 미국인들과 말 한번 제대로 해보지 못한채로 미군부대에 소속되어있는 나에게 다가오는 언어적인 장벽. 이런것들이 나를 힘들게 했는데

미군들은 보통 장교를 제외하고 사병은 대학 학비 지원을 위해 지원하는 경우도 있으나 대부분이 그냥 할거 없어서 먹고 살려구 지원하는 애들이 많다보니 인성부분에 있어서 부족한 애들이 간혹 있었다.

여튼간에 한번은 훈련을 나가게 됐는데 나는 당시 일병이었는데 미군 이병 한명과 시비가 붙었다.

우리나라 육군 부대에서 잠시 머물렀는데 더운 여름에 선풍기 한 대를 놓고 미군 여러명이 쐬고 있던 와중

갑자기 미군 이병 하나가

"왜 너네 나라에는 에어컨이 없냐. 더운 여름에 에어컨을 쐬는 것은 상식이다."

라며 말을 하면서 나에게 시비를 걸어 왔다. 그러면서 선풍기를 자기들 쪽으로 고정시키며 우리가 이렇게 더운 것은 너네 나라가 에어컨을 군대에 보급하지 않았기 때문이다, 라며 나에게 선풍기를 쐬지 못하게 했다.

카투사에게는 미군들을 대할때 묘한 감정이 있어서 체격적 조건으로 아무리 밀리더라도 PT테스트라는 체력테스트나 사격등 각종 훈련에서 절대 이들에게 밀리지 말아야지 하는 마음이 있어서

나는 순간 울컥하는 마음에 선풍기를 발로 차며

"나는 일병이고 너는 이병인데 선임을 대하는 자세가 그게 뭐냐 우리는 훈련중이고 훈련은 전시 상황을 가장하는데 에어컨이 없다고 불평을 하는 너는 군인으로써의 자세가 틀려먹었다."

라고 화를 냈다.

이 말을 들은 그 미군 이병이 나에게 덤벼들어 우리는 멱살을 잡고 서로 주먹다짐을 할 지경까지 이르렀는데 뒤에 있던 미군 소대장이 우리에게 소리를 질렀다. 가만 보니 그의 손에는 권총이 들려 있었다. 미군 소대장은 한국에 온지 얼마 안 된 사람이었어서 아직 카투사에 대해 또 한국에 대해 미개한 나라라는 편견을 가지고 있는 인물이었다.

그는 나에게 권총을 겨누며 당장 싸움을 그만 둬라. 미군을 건드리는것은 곧 미국에 대한 도전이라며 성질을 냈다. 그의 총은 정확하게 나의 심장을 겨누고 있었다. 멱살을 잡고 싸우던 우리 둘은 선풍기 하나로 일이 이렇게까지 커지게 될줄은 몰라서 놀라 그를 바라만 볼 뿐이었는데 때마침 창 밖으로는 쏴- 하고 여름 비가 강하게 내리기 시작했다. 순식간에 하늘은 어두워졌다. 순간 어둠속에서 번쩍하더니 꽝 하고 천둥이 쳤다. 긴장한 와중에 놀란 피스톨의 방아쇠가 당겨졌다. 와중에도 훈련이 잘 된 그의 사격 솜씨는 나의 심장을 겨눴다. 죽었구나. 짧은 순간에 지금껏 살아오면 겪었던 일들이 주마등처럼 스쳐 지나갔다. 선풍기 씨발.. 그냥 좀 덥고 말걸.. 하는 후회도 흘렀다.

잠시 뒤 눈을 뜬 나는 가슴에 격한 통증을 느꼈지만 살

아 있다는 것에 놀랐다. 고개를 내려 가슴팍을 보니 구
멍이 뚫려 있엇으나 피가 흐르거나 총알이 관통한 상흔
은 보이지 않았다.

어떻게 된 영문인지 몰라 그제야 정신을 차리고 살펴보
니 가슴 속에 항상 목숨처럼 가지고 다니던 책 한권이
보였다. 책에는 반쯤 총알이 박혀 있었다. 니가 날 살렸
구나.. 사람을 살리는 활인정신이 가득 한 책 〈삼십대
백수 쓰레기의 일기〉 정가 14,000원. 서점에서 구매 가
능. 많은 사랑 부탁 드립니다.

나는 돈이 없다.

모든것의 가치가 돈으로 측정되는 사회에서
나도 좀 오랜 절망과 고독을 팔아먹어 볼까 했는데
지갑엔 단지 2천원 뿐이다 외로움은 만원에
쓸쓸함은 2천원에
나머지 3천원은 택배회사에

내가 느끼는 감정을 모두 합한것 보다
언제나 나는 더 작다

나는 외로워 할 자격도 없다.

어제의 나는 틀렸고
당신과 나는 달랐다.
포스트잇에 적어 붙여 놓은 당신의 이름이
창문 틈으로 바람이 들어 올 때마다 살랑거렸다.
행여나 떼어질까 나는 조마조마한 마음으로
방 바닥에서 긴 머리카락을 마음으로
쓸어 담았다. 어제의
나는 달랐고 당신과 나는 틀렸다
다르다와 틀리다의 구분이
여기서는 아무런 의미를 갖지 않는다 내가
당신에게 어떠한 의미도 되지 않는 것 처럼
내가 당신에게 매달리는 것은
당신이 내게 시달리는 것이었고
한참을 달려 마음을 헤메이고
나서야 나는 결국 깨달았다 모든것은
당신에게 달렸다는 것을 그리고
언제나 나는 당신에겐 틀린 답이었다

자존감을 높이는 법, 나 자신을 사랑하라.

자신감과 자존감의 차이는
자신감은 남이 나를 사랑하는 것이고
자존감은 내가 나를 사랑하는 것이라 하여
흔히 자존감을 높이는 법으로
자기 자신을 사랑하는 법 부터 배워라 하는 말이 있는
데 이는 참으로 위험한 말이 아닌가 하는 생각이 있어
쓴다

흔히 자기 자신조차 사랑하지 못하는 사람이 어떻게 남
을 사랑 할 수 있느냐 하는 말과 비슷한 것 같은데
아니다 내가 나 자신을 사랑하는 것이야 말로 정말 위
험하고 끔찍한 결과를 초래할 수 있는 일이 아닌가 싶
다

자존감을 높이는 가장 쉽고 빠른 방법은 오히려 자기
자신을 혐오하고 경멸하는 것이다. 조그만 문제점을 거
대한 것인것 마냥 좌절하고 절망해야지 말로 조금 쯤
자기 자신에 대한 동정과 이해가 생긴다 그러지 않고서
자기 자신을 사랑하게 된다면 자신의 결점, 잘못된 습

관이나 버릇조차도 내가 이렇게 사랑스러운 사람인데 이까짓 것! 하고 대수롭게 넘겨버리는데 다른사람들이 보기에 꼴불견이 아닐 수 없다. 그렇다면 절대로 객관적으로 자기 자신을 들여다 볼 수 없다. 자신의 장점과 결점을 정확하고 객관적인 시각에서 파악하고 장점을 극대화 시키고 결점을 줄여나가는 것이야 말로 인간 사회에서 어떻게든 비벼볼 수 있는 희망 비스무리 한 것이라도 잡아 볼 수 있는 한 줄기 길을 찾는 것일테인데

내가 나 자신을 사랑해 버리고 나를 용서하고 얼렁뚱땅 대충 넘어가버리면 인간으로써 마지막 희망 조차도 놓아버리게 되는 일이 아닌가 싶다

내가 나를 사랑하지 않는데 어떻게 다른 사람이 자기를 사랑해 줄 수 있겠느냐 하는 말도 참으로 우스운 말이다. 내가 나 자신을 사랑하던 사랑하지 않던 나를 사랑해 줄 사람은 사랑하고 안 할 사람은 죽었다 깨나도 안 한다 주위에 있는 사람이나 내가 사랑을 받고 싶은 대상이 나를 사랑하지 않는 이유는 백이면 백 내가 나를 사랑하지 않아서가 아니다 그냥 내가 못생기고 능력없고 뚱뚱하지 않고 성격이 나빠서이다. 그렇다면 내가 사랑을 얻기 위해서 어떻게 해야 하는가?

현실적으로 외모를 가꾸고 능력을 키우고 막되먹은 성격을 고쳐먹어야 된다. 그러지 않고서 백날 천날 자기 자신을 사랑해 보아라 누가 자기 자신을 사랑해 줄 것인가

정말 자존감을 높이는 방법으로는 나 자신을 끊임없이 미워하고 또 미워해야 한다. 30대 백수 쓰레기가 어떻게 지금까지 어떠한 선택을 하지 않고 살아 있을 수 있었겠는가? 여기에 바로 그 원대한 비밀이 있다. 끊임없는 자기 혐오와 자기에 대한 비난이야 말로 나를 살아 있게 했던 원동력이다.

나 자신을 싫어하지 않는 사람이 어떻게 다른 사람을 싫어할 수 있겠는가? 모두가 아닌척 하고 쉬쉬하고 있지만 가장 빠르게 자기 자신의 결여된 인성이나 부족한 능력을 채우기 위해 집단, 혹은 개인으로써 자존감을 높이는 가장 빠른 방법으로 대부분의 사람들이 선택하는 방식이 바로 남을 혐오하고 싫어하는 것이다. 이를 위해서는 무조건적으로 선행되어야 할 부분은 바로 나 자신을 싫어하고 혐오해야 한다.

자존감을 높이는 방법을 알려드린다. 이거는 금방 대충 적어야 될 문제가 아닌거 같다. 일단은 나가봐야 되서

그만 쓴다.

나를 싫어하고 그 혐오를 원동력으로 남을 미워해 보아라. 그럼 그 순간부터 세상은 더할나위 없이 아름다워 보이기 시작할 것이다.

저를 새롭게 태어나게 해 준 사람을 만났습니다.

아무것도 하지 못한 채로 살아왔습니다. 누구에게도 말하지 못 한 비밀이 있습니다. 매일 허리띠에 왼쪽 다리부터 넣을 지 오른 쪽 다리부터 넣을지를 고민하다 목을 집어 넣을 궁리만을 했습니다. 작년 6월에 죽을 작정이었습니다. 천수를 과하게 누렸습니다. 주어진 삶에도 덤은 있었습니다. 대형 마트의 기획 상품처럼 다른 사람의 생에 붙어 팔려나가기만을 기다렸습니다. 누구도 덤을 보고 물건을 사지는 않습니다만 누구라도 가치를 알아주었으면 하는 무료의 상품처럼 달라 붙어 있었을 뿐입니다.

매일 집에서 홀로 피를 흘렸습니다. 어머니가 퇴근하고 집에 오시기 전 까지만이 제가 거실에 있을 수 있도록 스스로에게 허락되었습니다. 식구들이 집에 오기 전에 방에 틀어박혀 밖에를 나가지 않았는데도 제가 집에 있었다는걸 부모님은 알았습니다. "봉철아 이게 대체 무슨 피니?" 하고 방문 밖에서 물어올 때면 저는 더욱 더 방문을 굳게 걸어 잠궜습니다. 어머니, 아버지로 인해 오래도록 아파왔지만 그 아픔을 다시 돌려드리고 싶지는 않았습니다. 오로지 거실에 흘린 피자욱만이 저의

상처를 짐작하게 하는 것 이었습니다. 그러다

한 사람을 만났습니다. 사람을 대할때면 경계와 의심을 풀지 않은 채로 으레의 웃는 낯을 대하면서도 이 사람에게는 마음의 문이 열리고 모든 것을 털어놓을 수 있을거라는 생각을 했습니다. 그에게는 내 모든 비밀을 털어놓아도 좋을 것 같다는 생각을 할 수록 되려 마음을 굳게 닫았습니다. 가끔은 환부가 부어오르는 고통의 밥을 먹는 일도 두려워지고는 했습니다.

제 환부를 파고 들었습니다. 남몰래 오래도록 피를 흘리며 살아오던 시간들이었습니다. 손길은 거침 없었습니다. 처음엔 마음의 문을 굳게 잠구고 그가 들어올 수 없도록 막았습니다. 이런일을 많이 겪었었다는듯 차분하고 또 따듯한 시도로 저의 안에 들어와 누구에게도 보이고 싶지 않았고 보여줄 수 없었던 내면의 깊은 곳까지도 모두 들여다 보았습니다. 온 몸이 저려오더니 손 끝으로부터 감각이 없어지기 시작해 마비가 되는 느낌이었습니다. 상처가 깊은 곳에 있다, 는 말에 그의 눈빛이 조금 떨려왔을 때는 그 경련이 자신감의 결여 혹은 도피의 욕망으로 부터 오는 것이 아닌지 고민했습니다.이 사람도 결국 치유할 자신이 없는 채로 내 상처만을 헤집어 놓고 떠나버리는 것은 아닐까, 불안했습니다. 어떤 사람인지 알 수가 없다, 라는 말을 오래도록 들어왔으면서도 누구도 단 한 번도 내가 어떤 사람인지 정말 알려고 하지는 않은 것 같다. 체념을 푸념처럼 몰래 내뱉었습니다. 그가 이 작은 소리에 반응하여 조금이라도 제 상처를 알아주길 바랐습니다. 귓가에선 노래 소리가 들려왔습니다. 어떤 곡인지 제목을 떠올리려는 찰나에 정신을 잃었습니다. 눈을 떠 보니 침대위였습니다. 그는 어디론가 떠나고 난 뒤였습니다. 저는 그의 마지막 표정을 떠올려보려 노력했습니다. 자꾸만 눈이 더 감겨왔습니다. 그 뒤로 몇 달, 저는 이 전보다 더 큰 고통을 느끼게 되었습니다. 속았구나 하는 후회가 밀려왔습니다.

저는 책을 냈고 이것저것의 대외활동을 나름대로 조금씩 해 보며 살아가게 되었습니다. 상처는 더 이상 아프지 않았고 저는 더 이상 피를 흘리고 고통스러워 하지 않고 있습니다. 나를 좋아하는 사람들이 있을 수도 있겠다, 하는 자신감도 붙었습니다.밖으로 나가 사회생활을 할 자신감도 조금 생겼습니다.

저를 사람답게 살게 해주신 서울 S 병원의 치질 전문의 송 선생님께 깊은 감사의 말씀을 다시 전하고 싶습니다. 치질, 참지 마세요 참지 말고 수술하세요.

우리 집은 집 없음

우리 형도 결혼했는데 집 없음
나는 한달 12만원짜리 무보증금 지하방에 살고 있음
할머니도 집 없음

할아버지만 집 있음. 무덤 속

나도 곧 집 생길거 같음

옛날에 우리집은 라면 하나 사서 소면 말아 먹었음

집에 돈 없는데 자꾸 라면 먹고 싶다고 쫄르면
네 가족이 라면 하나 끓여서
그거 국물에 소면 삶아서
모밀국수 먹듯 적셔 먹었었음

난 남들도 다 그러는 줄 알았음 그게 라면 맛인줄 알았음..

스무살 무렵에 할 거 없는데 누가 어디 돈 벌러 가자 그래서 따라간 곳이 다단계 숙소였는데 막 들어가서 합숙하면서 이것 저것 강의같은 거 듣고 나 데려간 누나랑 밤에 둘이 손 꼭 잡고 별 보면서 얘기하면서

"봉철아 우리 이거 정말 열심히 하자 꼭 성공해서 우리도 돈 많이 벌자"

하면서 눈물 글썽였었는데 다 같이 밥 먹을라고 라면 끓이길래 소면 삶아서 넣을려고 막 찾으니깐 뭐하냐고 물어보길래

소면 안삶음? 하고 물어보니깐 사람들 다 벙쪄 하는거 보고 뭔가가 잘못됐다는 걸 깨달음

그때부터 그렇게 다정하던 나 끌고간 누나도 데면데면 해지고 뭐 물어봐도 대답도 잘 안 해주고 건성으로 허투로 대답 해주고 얜 진짜 거지다.. 라는걸 다들 그 때 깨달았나 봄..

결국 거기서도 쫓겨나다시피 나왔는데 지금 생각해보면 잘 된 일인건지..

여튼 내 인생에서도 취업이란 걸 해 볼 수 있던 소중한 추억이었음

저 먹고 토하는 버릇 있는데 이거 나쁜거죠?

어렸을 때부터 집에서 너무 많이 맞아서 어느 순간 내가 그 고통이나 스트레스를 이기기 위해서

먹은 것을 다 토해내는 버릇이 생겼다는 걸 깨달음

처음엔 맞으면 너무 많이 울고 불고 하다가 체력적으로 몸에서 못 버텼는지 울다 지쳐서 토했었는데

어느 순간 부터인가 우는게 먼저인지 토하는게 먼저인지도 모르게 되었음

이거 때문에 학교에서 조금만 스트레스 받아도 화장실 뛰어가서 다 토하고 그랬음.. 아님 제자리에서 다 토해버리거나.. 그러니깐 성적이 나올리 없지.. 결국 자퇴함.. 이것도 벌써 10년도 넘은 일이네..

어느 날 먹은 거 다 토하다가 이걸 아버지한테 걸렸는데

아버지는 또 노발 대발 하셔서 애새끼가 배때지가 불러서 그런다고 몽둥이로 패죽이겠다고 막 뛰어 오시는데

엄마는 그 전에 나 정신과 다녀서 약 타먹고 진료랑 상담 받고 이런 거 아니깐 그 전까지는 한 번도 말린적이 없었는데 갑자기 뛰어 오셔서 막 울면서 아버지를 막으셨음

그러면서 나한테 봉철아 미안하다.. 미안하다 엄마가 미안하다.. 하고 계속 울면서 잘못했다고

사과 하셨음

그니깐 아버지도 놀라셨는지 저 멀리서 몽둥이 들고 씩씩대기만 하시고

나는 또 막 스트레스 받고 이러니깐 몸에서 이상증세 느꼈는지 먹은 것도 없는데 자꾸 헛구역질 나면서 웩웩대고

정신과 의사가 상담하면서 너무 어렸을 때부터 학대 받은게 트라우마가 되서 머리에 박혀 있어서 먹은거 토해내는 건 몸에서 더이상 살기를 무의식적으로 거부하는

거라고

너가 살려는 의지를 갖는게 중요하다는 말을 했었었음

근데 정신병원 다닌건 집에 비밀로 다니고 이랬는데

엄마가 알고 막았는지 모르고 그랬는지 ㅎㅎ

나이 먹고 돈없고 맥도날드 알바 하니깐
인터넷에서 애들도 다 무시하더라구요..

집에서 하루 종일 게임 하다가 우연히 친해진 애들 어떻게 어떻게 친해진 애들

처음엔 형 형 거리면서 막 잘 따르고 형은 어떻게 그렇게 게임을 잘해요? 막 이러면서

아부하는 멘트도 많이 하고 현실 세계에서는 아무것도 없는 제가 게임에서는 잘난거 같고

존재감이 있는거 같고 뿌듯하고 살아 있는거 같다는 느낌도 받고 그랬는데

애들이 막 형 우리 한번 봐야죠? 만나서 술 한잔 해야죠? 하고 여자애들도 오빠 한번 봐용~

이러길래 한참 고민하다가 "응 저기 만나는 건 좋은데.. 나 맥도날드 알바 하는데 더치페이 해도 되지?"

하니깐 애들이 장난인줄알고 "아 장난치지 마셈ㅋㅋ"

이러고 한참 웃다가 내가 계속 진짜라고 하니깐

암말안하고 다들 한참 있더니 로그아웃 하던데

다음 날인가 부터는 애들이 형이나 오빠라고 안부르고 걍 봉철님 왔음?? 아니면 김봉철 옴?? 이러고

말 짧아지더니 어느 순간 부터는 아이디가 다 안 보임.. 날 삭제했나봄..

나이 먹고 돈 없고 능력 없고 변변한 직장 없다는게 이 렇게 슬픈 건지 진작에 알았더라면..

[재태크] 어버이날 용돈 버는 초특급 비법 알려드림

엄마한테 어버이날 2~3일 전부터 막 친한척 하면서 말 걸어두고
어버이날 전날 '흠흠.. 엄마 나 만원만' 이러구 용돈 달라구 하면 됨
그럼 엄마가 돈은 왜? 하구 물어보시는데
달력 쳐다보면서 아니 그냥.. 내일이 내일이기도 하고..
이러면 엄마가 에휴 꽃같은거 안사도 되는데
하구 만원짜리 주심

그거 받아서 어제 카네이숀이라도 사와 볼까나~
하고 자전거 타고 나갔었는데
일단 오랜만에 외출 한 이상 나도 좀 설레이고 두근거려서
커피라도 마셔주고 싶어서 커피숍 들어감
아아(아이스 아메리카노) 마시면서 생각해 보니깐

엄마 아빠는 형네 가족이랑 어버이날이라구 놀러간다는데
나만 혼자 이렇게 부모님 생각하면서 꽃 뭐 사지
어떤거 사지 뭐가 예쁘지 이런 거 고민하는게

좀 바보같다는 생각이 들었음 그 사람들은 나 없어도 행복하고
나는 집에만 있는데 내 사랑은 언제나 짝사랑인거 같고
닿지 못하는 마음인 것만 같고

그래서 왠지 심통이 나서
커피숍 나온 김에 허니브레드도 시킴
이것두 처음에는 까페에서 먹어보는거가 버킷리스트였는데
용기내서 한번 혼자 먹어보니깐
해볼만 하더라.. 뭐든지 처음이 어렵지
해보면 계속 할 수 있는 거 같음
물론 단 한번 용기 내는 순간
계속 할 수 없이 모든게 끝나버리는 것두
있기는 함 매일 생각은 하지만 아직은 아니라는 생각

근데 그 진동벨 안줘서 카운터에서 10분정도 서성이니깐
알바가 이 새끼 왜 이러나 이러구 막 흘끔거리면서 쳐다보다가
아 맞다 하더니 죄송합니다 하면서 그제서야 진동벨 주면서 이거 울리면 와서 가져가라구 함

허니브레드가 생각보다 비싸서 만원 다 써버림

오늘 아침에 엄마가 막 기대하는 눈치로 꽃 어딨나 물어 보시려는 거 같은데

내가 인상 팍 쓰고 딴청 피니깐 그럼 그렇지.. 하는 표정으로 한숨 푹 쉬심

-끗.

집에 혼자 남아 이걸 쓰면서 느낀 감정은

꽃 안 사고 그 돈으로 커피 마시고 빵 사먹은 거 잘한 일인 것 같다

나도 상처받기는 싫으니깐.

초등학교 때 친구네 엄마가 탕수육 시켜줬는데 깜짝 놀랐던 점..

양배추 케첩 마요네즈 무침을 안 먹고 그냥 버림..
그거 싸달라구 할까 오랫동안 고민하다 그냥 왔을 때
꽉 쥐어진 내 주먹에선 한 줄기 피가 흘렀음..

그날 저녁 반찬은 여느 때와 같이 어김없이 밥에 물 말
아서 간장이랑 먹었지만

흘러내린 피의 비릿함과 짜디짰던 간장 맛에
지켜진 건 나의 마지막 자존심이었음..

탕수육 먹고 싶다.. 탕수육 마지막으로 먹어 본지 7년
정도 된 듯.

고등학교 때 나도 친구같은 거 생길 뻔 한 일 있었음

초등학교 중학교 때 따돌림 당하구
고등학교는 아예 그래서 동네에서 멀리 떨어진 곳으로
아무도 나를 모르는 곳으로 가자구 결심해서
버스로 한 시간 정도 걸리는 곳에 있는 곳으로 감

그래서 정말 아무도 나를 신경쓰지 못하고
나도 아무도 신경 쓰지 않도록 학교에서 없는 사람처럼
지내고 싶었음
근데 우리반이 학교에서 한반 있는 독일어 문과반이라
같은 반 애들이 3년 동안 쭉 같은 반이었고 담임도 쭉
같은 사람이었음
그래서 막 애들이랑 전연 얘기도 안하고 체육시간에 밖
에 나가지도 않고 혼자 반에서 책 읽고 엎드려 있구 그
렇게 살구 있었는데

2학년 때 쯤에 갑자기 반장인 진성이가 말 걸기 시작했
음 막 말도 걸고 친한척도 하고 음악실 같은데 이동하
고 그러면 난 벽에 붙어서 혼자 가니깐 언제나 벽이 유
일한 내 친구였는데

얘가 막 옆에 와서 같이 걸어주고 급식도 모르는 애들이랑 모르는 테이블에서 혼자 먹는데 같이 와서 밥 먹어주고 그랬었음

음악실 같은데 이동 수업 할려구 갈 때 맨 뒤에서 벽에 붙어서 몰래 갔는데 제일 무서운 건 앞에서 가다가 갑자기 뒤 돌아보고 혼자 가는 나를 보더니 비웃거나 동정의 눈빛을 보내는 애들임..

그게 무서우면 아싸리 제일 빨리 나가서 빠르게 걸어서 먼저 가 있으면 됨 그럼 뒤에서 나를 보는 애들이 안보이기 때문에 마음이 덜 불편함

살면서 언제나 나는 사람들의 뒤에 있었기 때문에
한 번 도 내 뒤에 누가 있는가는 궁금해 본 적이 없음

애들이 막 개보구 왜 나랑 노냐고 쟤랑 놀아주지 말라고 그러니깐 애들이 하는 말 얘 1학년 때 는 엄청 무섭고 그런 애 였는데 여자 친구 만나서 여자 친구가 근데 교회 다니는 애라 2학년 때부터 갑자기 새사람이 되서 마음 잡구 착하게 산다 그런 소리가 들려왔음 쟤 지금 봉촐이랑 놀아주는 거(애들이 내 이름도 잘 몰름)

교회에서 사람들이 봉사하는 느낌으로 불우이웃 도와 줄려구 하는 거라고

근데 나는 이거 들으니깐 막 더 자존심도 상하고 눈물 날거 같고 그따위 친구는 친구 아닌거 아닌가 하는 생각을 친구 하나 없음에도 불구하고 속으로 막 열불 뻣쳐서 걔한테 처음으로 먼저 말 걸었음.. 꺼지라구 내가 병신으로 보이냐고..

그때 걔 눈에서 불같은게 번쩍였음 나는 봤다 도깨비가 뭔지 도깨비는 공유 아니구 진성이가 먼저다 왜 애들이 걔가 1학년 때 말도 못 걸만큼 그렇게 무서운 애였었는지 그때서야 알 거 같아서 미안하다구 사과함

결국 진성이도 그 뒤로 나한테 말 안 걸구 얼마 지나지 않아서 애가 다시 포악해 졌는데 들리는 말로는 여자친구랑 헤어졌다는 소리가 들려왔음

몇십년을 친구 하나 없이 혼자 살아 왔어도
이게 무뎌지거나 괜찮아 지거나 아무렇지도 않아지는 감정은 아닌거 같음
지금도 어디 혼자 연극 같은 거 보러 갔는데
삼삼오오 놀러 온 사람들이 자기들끼리 웃고 떠들고 그

러고 있으면 막 왠지 나 비웃는 것만 같고 시선을 어디
에 둬야 될지 모르겠고 심장이 막 쿵쾅쿵쾅 뛰고 우울
한 기분이 들고 가슴이 찢어질거 같아서 미칠거 같음..

곰곰히 생각 해 보면 37살 될 때까지 나는 친구 하나 없
는데

이때 얘한테 조금이라도 마음을 열고
동정이나 봉사의 개념이었더라도
내가 먼저 정말 친구가 되고 싶었다고 생각 했었으면
지금처럼 친구 하나 없이 살고 있지는 않을 것 같다는
생각을 함

정신과 기행문

정신과 진료 받고 옴

오늘 저녁을 먹고 기분이 좋았다.
먹고 나서 잠시 뒤, 밖에서 소리가 들릴까봐 노래를 틀어 놓고
비닐봉지에 먹은 것을 전부 토한 뒤
집 밖으로 들고 나가 하수구에 쏟아 버렸다.

밥을 먹고 나면 기분이 좋다. 나는 밥을 먹고 나서
사람이 된 것처럼 신이 나고 즐거운 내가 싫다. 사람도
아닌 것이
사람 흉내를 내고 먹고 자는 것에 행복을 느낄 가치가
없는 사람이다.

지난 화요일에는 정신병원에 가서 상담을 받고 왔다.
20대 초반에도 한번 갔었는데 프로작을 처방 받고
얼마간 복용해 보았으나 별로 효과는 없어 병원에 가는
것을 그만 두었었다.

올 초에는 사실 6월까지만 살아 있을 작정이었다.
덤으로 사는 날이 22일 지났다.

요 근래에는 계속하여 방에 틀어박혀 죽을 궁리만 하다
지난 화요일에는 병원에 찾아가 보았다.

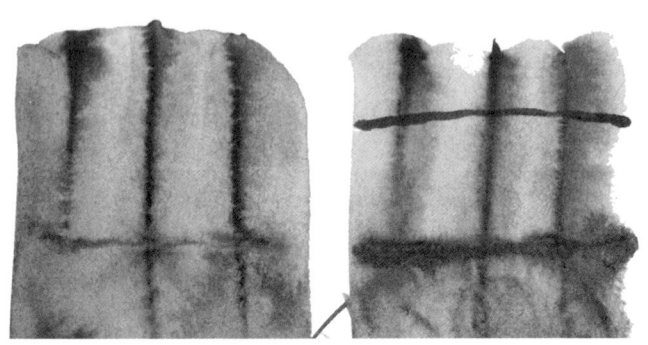

하루 24시간 내가 매일을 보는 창문이다.
매일을 나는 절망을 본다. 마음이 안으로도 밖으로도
창살을 뚫지 못했다.
한번쯤은 소개해 보아도 좋지 않을까

나는 병이 있다.
지난 화요일에는 병원에 다녀 왔다.

도착하여 올라간 계단 오른쪽으로는 철문이 닫힌 입원
실이 있었다.
보호자 두명의 동의가 필요하다, 라는 문구가 적혀 있
었다. 아버지. 어머니.

나는 두 명의 얼굴이 떠올랐다.

작은 방에서 여러가지 검사지를 풀었다. 우울검사, 불안척도 검사, 불면증 검사, 스트레스 지수 검사지를 풀고 기다리다 의사와 면담을 했다.

나는 거식증이 있으며 우울해서 죽을 궁리만을 한다.
잠을 잘 자지 못한다.
이런 저런 이야기들을 하다가 나도 모르게 조금 울었다.
의사는 휴지를 건네 주었다. 그 와중에도 울음을 참아야 한다는 생각을 했다.
이 울음을 참아야 한 다는 생각은 이상한 것이 하면 할수록 눈물이 더 쏟아져 나온다.

학창시절에는 따돌림을 당했다. 내가 울 때마다 아이들은 내가 우는것을 흉내내며
더 때리고 침을 뱉고 괴롭혔다. 속으로 울지 말자, 울음을 참자 라는 생각을 했는데
이럴 때마다 눈물은 속도 모르고 더 흘러 내렸다. 나중에 다른 아이들이 와서
니가 우니깐 걔네가 더 그러지, 하는 말을 들었을때도 나는 울었다.

나는 요새에도 하루에도 몇번씩 운다. 나이 36살의 무직 백수가 집에서 눈물이나 흘리는 꼴이
얼마나 추할지는 스스로도 잘 알고 있다.
약을 처방해 주겠다고 했다. 부모님을 모시고 같이 오는 것이 좋겠다고 했다. 나는 고개를 저었다.
심리검사를 받아 보는 것이 좋다고 했다. 비용이 좀 든다 하여 그것도 거절했다.

한시간 정도 상담을 받고 나와 검사지를 두개 더 풀었다. 공황장애와 자살충동지수 검사지였다.

나는 로비에서 기다렸는데 아저씨 한분과 아주머니 두분이 각각 앉아 있었다.
아주머니 한 분은 계속해서 화를 내고 뭔가 이야기 하고 있었다.
나는 그 사람들이 전부 이상한 사람인 것 처럼 보였으나
내가 그 속에서 너무나도 자연스럽게 어울리는 것을 깨닫고는 놀랐다.

아저씨는 간호사 손에 이끌려 철문 안으로 들어갔다.

나는 약을 처방 받고 집에 왔다. 오는 길에는 정말이지

몸도 마음도 건강한 사람이 되자, 라는 다짐을 했다.
아르바이트도 이것 저것 알아 보았다. 할 수 있는 일이
많지는 않았지만
면접도 몇군데 보고 왔다. 약을 먹은지 오늘로 3일째.
불면증은 계속 되고 나는 요 며칠 사이 하루 두 번 정도
밥을 먹고 토했다.

나는 정신적으로 문제가 많은 사람이다.
누구에게도 가까이 가서는 안 된다.
그러나 나의 이 고독과 외로움은 어떻게 해야 할 것인
가.
나는 마음을 닫는다. 감정 같은 것은 쓸모가 없으니 모
두 사라져 버렸으면 좋겠다.

나는 문제가 많은 사람이다.
자신이 없다.
모든 것이 그야말로

방문 뒤의 아이

오늘은 아침 일찍 일어나 병원에 다녀왔다.
10여분간의 상담을 받고 항우울제와 항불안제를 처방
받아 왔다.
아무리 말이 없고 수줍음 많고 낯을 가리는 나라도
돈을 내면 어떤 말이든 하고 싶어지는 것이다.

처음에 진료실에 가면 선생님이
이번 주는 좀 어떠셨어요? 하고 물어온다
그럼 나는 네.. 하면 선생님이 또 네.. 하고
또 내가 네.. 하면 선생님이 또 네... 하고
수차례의 네가 반복되고 나서야 나도 나를 못참겠어서
네가 아닌 나의 몇가지 이야기를 털어 놓는다.

오늘은 어린시절의 이야기를 좀 했다. 아버지의 이야
기.
어렸을 적 많이 때렸다.
일요일마다 주기적으로 때렸고 잘못하거나 마음에 안
드는 일이 있으면 때렸다.
사람과 어울리기 힘들어 하고 친구가 없는 이유 중 하

나는 아마
어려서부터 가정에서 학대에 가까운 훈육을 당했기 때문에
초등학교 2학년 쯤에 처음으로 가출이나 자살에 대한 생각을 했으며
사람을 어려워 하는게 아닌가.. 하는 이야기를 했다.

어렸을 때 나는 아버지가 집에 오시면
방문을 열어 둔 채로 방 문 뒤에 몰래 숨어서 서 있었다.
방문을 닫아두면 또 혼나니깐 맞으니깐
방문을 닫아 둘 용기도 없는 채로
어디에도 숨을 공간을 찾지 못한 채로 방에 불을 끄고
방문 뒤에 혼자 서 있으며
언제 나를 때리려고 부를지만을 떨며 기다렸다.

아마 지금의 나도 방문 뒤에 서 있는 아이 같은게 아닌가 싶다.
정말로 마음을 닫아 놓을 용기도 없으면서
누군가가 문이 열린 검은 방으로 나를 불러주기만을 기다리며
불이 꺼진 어두컴컴한 방문 뒤에서
혼자 떨며 서 있는게 아닌가 싶다

커피의 오용

어제는 오전중으로 정신과에 진료를 받으러 갔다.
매주 있는 일이다. 오늘은 무슨 말을 어떻게 해야 하나
하는 고민이 매번의 지하철에서 있다.

담배를 끊고 싶다. 챔픽스를 항우울제와 같이 복용해도
되느냐
하고 묻자 성분이 겹치는 것은 없으나 조금만 더 보류
해 보자고 했다.

커피를 끊고 싶다 커피를 마시면 특별히 더 우울해 지
는 것 같다.
항우울제로 간신히 내려놓은 나의 교감 신경을
카페인이 자극하여 다시 달뜨게 하는 것은 아닌가
의사는 커피를 끊고 싶은 다른 이유가 있는 것인지 물
었다.
커피를 마시면 조금 더 우울해 진다 무기력 해지고 불
안해진다
어제는 믹스커피를 일어나자 마자 세 개를 타 마셨다

나는 하루 종일 침대 위에 누워 아무것도 할 수 없음에
커피를 이유로 들고 있는 것은 아닌가 하고 물었다.

담배와 커피는 다르다 담배는 악영향을 알고도 기호로
써 사람들이 즐기는 것인데
우울해지기 위하여 커피를 마시는 사람은 없다 더욱 더
무기력해지고
아무것도 할 수 없기 위하여 커피를 마시는 나의 패턴
이 이상하다 말했다
혹시 이러한 방식으로 생각하는 다른 일들이 있느냐고
의사는 물었다.

어머니
나의 어머니
나는 나의 무기력과 불안을 감추기 위해
내가 사랑하는 어머니를 괴롭히고 있는 것은 아닌가
하고 속으로만 생각했다 내가 사랑하는 나의 어머니

모든 것은 내가 기력을 되찾고 움직이기 시작하면 해결
이 될 거라는 생각을 했다.
그러나 어떤 일을 할 수 있을 것인가
의사는 한 시간에 15만원이라는 심리 상담을 제안 했다
경제적으로 여유가 될 때 해 보겠다고 했다

오늘의 아침도 커피를 세잔 마셨다
사람들이 활력을 찾기 위해 마시는 커피에도
나는 되려 우울해져
오늘 아침에도 침대에서 도무지 벗어날 수가 없다
오늘도 긴 여행이 시작됐다
오늘도 어제처럼 뜻밖이다
목적지도 출발지도 침대 위인
그리하여 어디로도 행선할 수 없는
언젠가는 뜻밖으로 끝이 나버렸으면 하는
내게는 너무도 긴 여행이다

계획에 없던 이발을 했다.

새벽 다섯시에 겨우 잠이 들어
아침 여덟시에 일어났다.
한참을 누워있다
부랴부랴 하고 집을 나설 채비를 마쳤다.

신설동을 지날 때 쯤
진료가 11시 45분이었는지 12시 45분이었는지
햇갈리기 시작했다. 전화를 하자 12시 45분이라고 했
다.
한 시간 정도 시간이 비었다. 종로 5가에서 내려
근처 미용실에서 머리를 잘랐다.
계획에 없던 이발을 했다. 계획에 없던 소비를 했다.

깔끔하게 해주세요, 앞머리만 매직하신거에요? 평소에
머리에 뭐 잘 안바르시죠?
소소한 대화를 나눴다. 이럴 때면 나도 그럴듯한 인간
인 척 해 보이려 노력하지만
눈빛과 표정과 말투에서 불안한 것은 감출 수 없는 모
양이다 활발하게 말을 걸어 보려

노력하던 미용사의 입이 굳게 닫혔다. 나는 또 나의 평생을 괴롭혀온 타인과의 지옥같은 침묵을 묵묵히 견뎌냈다.

머리를 자르고도 시간이 남아 미용실 근처에서 한참을 서성였다.
잠시나마 친근하게 대화를 나누었던 사람이
혹시라도 미용실 밖에 나와
눈이 마주치면 어쩌지
그래도 조금 전 까지만 해도 바로 옆에서
한참을 이야기 하던 사람인데
인사를 하고 아는 척을 해야되나
아니면 만오천원의 금전거래가 끝났고
처음부터 남이었고 앞으로도 남일 것이므로
모르는 척 시선을 피해야 하나
이런 고민들로 나는 매일 고민을 하게 되는데
동네 슈퍼에 들어갈 때와 나올 때 주인 아저씨에게 인사를 하고
담소를 나누기도 하고 내가 피우는 담배의 이름을 외워 놓기도 하지만
가게 밖에서 동네 길거리에서 마주쳤을 때 나는
왠지 괜히 친한 척 하는거 같고 아무리 백수라지만 왠지 비지니스 관계에 있는 사람을

사석에서 만난 것만 같고 그러니깐 백수이므로 할 일 없이 매일 동네를 어영부영

돌아다니기만 하는 내가 부끄럽기도 하고 하여

고개를 숙여 시선을 피하거나 서로가 서로를 인식 하였으나 모른체를 해 버리게 되는 것이다. 나도 이발을 한 날에는 유리창에 머리를 비춰 보며 매무새를 확인해 보는 으레의 허례와 허식이 있어 머리를 살펴보다 문득 계획에 없던 소비를 해 버렸다, 하고 후회를 하게 됐는데

다시금 생각해 보면 어짜피 계획 같은 건 없이 살아가는 사람이라

'계획의 없던' 이라는 수식어 자체가 어색하고 통용되지 않는 문장인 것 같은거라

나는 왜 계획이 없는 사람인가를 또 곰곰이 생각해 보다

그렇다면 타인의 계획에 일부에 소속되어 보자 하는 생각을 했다.

선악의 경중을 신중하게 가려 선도 악도 아닌 중도의 가장 가벼운 가장자리 같은 곳에

누구에게나 있지만 아무도 신경쓰지 않는 계획에 포함되어 버리자

하고 짐짓 나도 그럴듯한 계획이 이제 생겼구나 하는 마음이 들자

계획이 없어 타인에 계획에 포함되자는 계획을 세웠으
니
아무리 무의미하더라도 이제 계획이 있는 셈인데 어찌
다른 사람의 계획에 소속될 수 있을까
의 모순에 빠져 나는 한참을 서성이다

병원에서는 계획에도 없던 약을 한 알 더 처방 받고 나
왔다.

오늘 의사에게서 들었던 말 중 가장 마음에 와 닿았던
말은
각오를 하고 있으면 감당하기 그나마 편할 것이라는 이
야기였다.

나에게도 사실
아주 오래전부터 마음 한 구석에 숨겨 놓았던
계획이 하나 있다 각오를
하고 있으면 감당하기 그나마 편할 것인

외로움은 감정이 아니라 통증이 아닐까요

그렇지 않고서야 이렇게 아플 수 있을까요 마음이
마치 매운맛이 사실은 맛이 아니라 통증의 착각인 것
처럼
외롭고 고독한 마음도 사실은 감정이 아니라
통증을 착각한 것이 아닐까요

마음이 저려오고 가슴이 답답하여
숨이 잘 쉬어지지 않을 때면 저는
오늘 또 얼마나 많은 착각을 해 버린걸까
얼마나 또 다른 사람들의 마음을 오해하여
이렇게나 괴로워져 버리는 걸까

닿지 않는 마음들 아무리 어두운 밤을 걸어 보아도
걸리지 않는 마음의 고리들 번호만 눌러 놓은 채
걸어보지 못한 전화들

우울증은 세르토닌이 부족하여 생긴다는데
약을 먹어도 낫지 않는 저의 마음을 위한
세르토닌은 대체 어디 있는 걸까요.. 없나..

[광화문 맛집] ○○ 정신과의원 도전! 맛집 블로그

안녕하세요 이웃님들 즐거운 주말 저녁 보내고 계신가요?^^
여러분들에게 전국 방방 곳곳의 숨겨진 맛집을 찾아내서 알려드리는 것을 사명감으로 삼고 살아가는게 삶의 유일한 낙인 맛집 전문 블로거 김봉철 입니다!

오늘 여러분들에게 소개해 드릴 맛집은 바루 서울 도심가 한양의 4대문 안에서도 가장 번화하다는 거리인 광화문에 위치한 ○○ 정신건강과 의원인데요!

이 음식점은 프랜차이즈 체인점인데 프랜차이즈 음식점은 맛이 다 거기서 거기이구 약간 그 정형화되고 공식화된 맛이기 때문에 별루일거라는 편견을 버리게 해준 음식점 입니다.

오늘 먹어볼 음식은 바로 이것인데요 즐거운 일요일 밤 님들은 월요일의 출근이나 학교 가는 것에 스트레스 받으시겠지만 저는 집에서 놀구 먹구 아주 편하게 지내구 내일도 아무 걱정이 없시오.. 할 일이 없기 때문에..

깔끔하고 위생적이게 개별포장된 하얀색 불투명한 플라스틱 봉투 안에 노랗고 하얀색의 구도가 아름답게 어우러진 데코레이션이 아주 깜찍하지 않나염

보통 맛집은 맛집만의 비밀스럽구 특별한 레시피를 잘 공개하지 않는 법인데 이곳은 따라할테면 따라해봐라 하는 자신감인지 특별히 레시피를 공개해줬습니다

가격은 조금 비싼 편인거 같지만 직원분들도 친절하구 쉐프님두 다정다감하시구 무엇보다 이야기를 잘 들어주십니다. 왠지 먹으면 소화도 잘 되는거 같구 정신도 안정이 되는거 같구 불안한것두 좀 줄어드는 거 같아서 오늘은 낮잠을 두시간 정도 세번에 걸쳐 잔거 같습니다.

여러분들도 속이 불편하거나 그럴때 깔끔하게 집밥 먹는 기분으로 방문해 보시는건 어떨까요^^;

재방문의사: 100% 내일 또 가야 됨 아놔..

8. 21 정신과 기행문

병원에 매주 열심히 다니고 그 기록을 남기기로 했다.

어제 밤 부터 계속 울었다. 가만히 있으면 눈물이 났다.
머리가 멍 하고 움직일 수 없었다.
누워서 눈을 감고 잠을 자려고 해도
심장이 뛰고 슬픈 기분이 계속 들었다.
죽자. 사람이 살아있는 이유 같은 것을 생각해보았으나
나에게는 어떠한 이유도 해당되지 않으며
오래전에 인생에 실패했고 이제는 더 이상
복구할 수 있는 수단이나 방법 혹은
그 노력에 대한 의지 같은 것이 남아있지 않다는 생각
을 했다.

아침에 일어나서 병원에 전화를 했다. 예약시간을 오후
네시로 잡았다.
계속 눈물이 났다. 샤워를 하고 옷을 입고 버스를 타고
병원으로 향했다.
병원에 가는 길에는 비가 왔다. 버스 차창 밖을 검은 구
름들이 보였다.

먼 하늘에 구름이 비어 파란 하늘이 보이는 곳이 있었다.

우산을 들고 나오지 않았다. 어디로 가야 비를 맞지 않을 수 있을 것인가

고민하다 구름 위 라는 생각을 했다.

세달만에 병원에 갔다. 지난 5월 이후로 무슨 일들이 있었는지를 물었다.

나는 나의 이야기를 간략하게 했다. 내가 생각하는 나의 상황과 내가 괴롭게 생각하는 일들을 이야기 했다. 좋은 일은 대전에 있는 시민단체에서 강연 같은 것을 했다. 좋은일도 있네요? 하고 의사는 말했다.

나쁜 일들을 이야기 했다. 일들은 나빴고 나쁘게 흘러 갔으며 결국 정말로 나빴던 것은 나였다는 결론을 내렸다.

병원에 가까워지자 마음이 조금 편해졌다.

어떠한 해결책도 지금 당장 줄 수 있는 것은 없다고 했다. 단지 오랜만에 이렇게

힘든 상황이라고 생각한 시기에 병원을 떠올리고 찾아와 줘서 고맙다고 했다.

나의 문제는 롱텀(long-term(이라는 표현을 의사는 썼다.)).. 길게 보고 같이 이야기를 해 나갈 부분이 있고 지금 당장 처해있는 상황도 이야기를 해 나가야 할 부분이 있다고 했다. 지금의 괴롭고 힘든 부분들이 과거로부터 여러가지 일들로 인해 현재까지 이어져 있는 것이 아닌가 하는 말을 하였으며 결과적으로는 매 주 상담을 통해서 이 이야기들을 풀어 보는 것이 좋겠다고 했다.

간간히 나의 이야기를 하던 와 중에
말을 스스로 끊고 지금 이런 것이 중요한 것이 아니라
저의 문제는 이러한 점이고
하루 종일 눈물만 나서 견딜 수 없다
라는 이야기를 했다.

1주일치의 약을 처방받고 왔다.

나와서 담배를 피우며 생각했다.
나는 살아있을 이유를 찾지 못하겠다. 이유 같은 없으며 누구나 그냥 삶을 살아가는 것이라는 것 쯤은 나도 안다. 삶은 살아가는 것이 아니라 살아지는 것, 이것은 곧 시간의 연속일 뿐이며 이를 유지시키기 위해 사람은 밥을 먹고 잠을 자고 호흡을 하며 이를 조금 더 원활

하게 하기 위해 돈 같은 것을 벌 것이다. 생명이 능동이 아닌 수동의 일이라는 것을 깨닫고 난 뒤 부터는 나는 이 '살아지는' 것에 대한 흥미를 잃었따.

정신과에서의 치료 방식이 있을 수 있을까. 약물로 감정을 조금 더 잠 재우고 차분하게 하고 이야기를 할 대상이 없는 사람들에게 말 할 공간과 시간을 제공해 주고, 현재 본인이 가지고 있는 문제점들에 대해서 같이 생각해 주고 고민해 주고.

물론 나처럼 이야기가 할 사람이 없는 사람들에게는 누군가 이야기를 들어준 다는 것 만으로도 큰 도움이고 위안이다.

나의 현재와 이를 여지까지 붙잡고 늘어지고 있는 과거에 대해서
의사를 신뢰하고 충실히 털어 놓으며 현재
내가 가지고 있는 불안과 고독에 대해
또 그 불안과 고독이 야기하는 수 많은 문제점에 대해
조금이나마 해결을 할 수 있을만한 방안을 찾아보고자 한다.

8 .28 정신과 기행문

병원에 가는 길에 버스에서 생각했다.
의사는 하루 종일 많은 사람들의 다양한 이야기를 들을
것이다.
우울하고 어두우며 개인의 심정을 토로하는 이야기들
을
그는 어떤 마음으로 들을 것인가.
아마 공감을 하거나 개인적인 감정보다는
사람들의 이야기를 듣고 객관적으로 판단하는 것으로
그 소임을 다 하지 않나 싶다.

이번 주에는 대체 무슨 이야기를 해야 되나
아무 말도 하지 않고 약만 타와도 되나
하는 생각을 하면서 에스컬레이터를 타고 올라갔다.

가급적 정말로 누구도 듣기 싫어할 것 같고 사람의 마
음에 어떠한 감흥도 일으키지 않으며
말을 하고 있는 나조차도 내 자신이 싫어질만큼 재미없
고 지루한 이야기를 하자,

라고 문을 들어서며 마음을 먹었다.

[콩장]

나는 콩장이 싫다. 어렸을 때 부터 싫어했다. 검은 콩을 간장에 졸여 밥과 함께 먹을 수 있도록 만든 반찬이다. 부드러워 보이지만 그 질감이 기분 나쁜 껍데기가 있으며 그 안에는 딱딱한 알맹이가 들어 있다. 콩장은 처음에는 짜장면 맛이 난다고 생각 했는데 지금와서 생각해 보니 거기에는 간장과 춘장 만큼의 차이가 있다. 간혹 깨가 뿌려져 고소함을 더한 경우도 있기는 하나 그 맛에 큰 차이는 없다.

나는 콩장이 싫기 때문에 어머니에게 나는 콩장을 먹지 않겠으며 밥상위에도 올라오지 않았으면 좋겠다는 말을 초등학교 2학년 때부터 줄곧 해 왔는데 어머니는 여지까지 콩장을 상에 올려주신다. 이것은 나를 무시하는 처사라고 생각하여 몇번은 식사 거부를 하기도 하였다. 놓여져 있어도 먹지 않으면 그만이라는 말은 먹지 않을 것이면 놓지 않는 것이라는 말로 상쇄된다. 어떤 말들은 다른 말로 상쇄되기 마련인데 나는 콩장이 햄이나 계란같은 맛잇는 반찬이랑 상쇄될 수는 없더라도 아예 상 위에서 사라져 버렸으면 좋겠다. 아니 이 지구상에서 아예 콩장이라는 반찬과 그것을 만드는 과정과 그에대한 기억들이 모두 사라져서 지구상에서 단 한 번도 존재하지 않았던 반찬이었으면 했다.

그정도로 콩장이 싫다. 오늘도 아침 밥상에는 콩장이 올라왔다.

이 이야기를 나는 15분 동안 했다.

약은 좀 어때요? 하고 묻기에
소화가 잘 안되고 두통이 있는 것 같다 ,라고 대답을 하자
오랜만에 먹으면 그럴 수 있다고 그대로 다시 처방해 주겠다고 했다.

저는 콩장이 싫은데요
사실은 매일 죽고 싶다는 생각만 합니다

죽고싶은 것은 기본으로 깔려 있는거죠?

네

그렇다면 그게 파도처럼 잔잔할 때가 있고

갑자기 확 몰아쳐서 쓰나미 처럼 다가올 때가 있는거
죠?

네

그럼 그 쓰나미를 대비해야 되요. 그걸 어떻게 감당할
지를 생각해 봐야 되요.

네

병원을 나서며 나는 내가 싫어 하는 두가지의 것
콩장과 쓰나미가 서로 상쇄되어 버렸으면 좋겠다는 생
각을 했다.

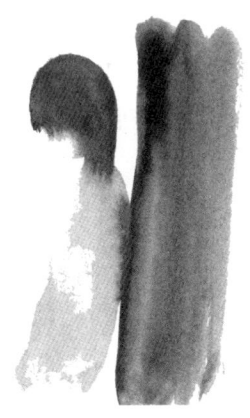

살아있는게 직업이 될 수는 없을까

오늘의 상담 주제는
취업에 대한 이야기였다.
언제까지 정말 이렇게 살 수는 없다
나도 그럴듯한 직업까지는 아니더라도
노쇠한 부모의 집에서 나와 독립을 하고 싶고
경제적으로 자립하고 싶다
는 이야기를 주로 했다

할 수 있는 일은 육체노동 밖에는 없는거 같아요
라고 말을 하자 선생님은

저는 김봉철 씨에 대해 세세한 부분은 모르지만,

하고 단정 짓는 것에 대해 생각보다 주의 깊게 이야기
를 했는데

아마도 내가 나의 삶의 방식이 정해져 있다고 생각하는
것에 대해
무력감과 허탈함 그리고 앞으로의 앞날이 뻔할 것이라

면 무의미하다고 생각하지 않을까 하는 우려가 아니었을까 싶다

일을 하고 싶다. 할 수 있는 일이 있으면 좋겠다 라고 나는 이야기를 이어나갔으며
간간히 하고 있는 책을 만드는 일에 대해서도 말을 하다가
'책은 제주도에서 많이 팔리는 편이에요.' 라고 이야기를 했을 때
이 부분에서 선생님이 차트에 기록하는 것을 보고
나는 항상 내가 어떤 이야기를 할 때 선생님이 어떤 부분을 차트에 적는 것인가가 궁금했는데
생각보다 별 의미를 두지 않고 한 이야기도 적는구나.. 하는 생각을 했다.

다른 사람들은 생계를 위해 일을 한다.
살아 있기 위해 먹고 자고 입는 것을 해결하기 위해
시간과 노력을 기울여서 노동을 제공하고 그에 대한 대가를 받는 다는 말에
저도 살아 있기 위해 노력을 하고 있어요, 라고 대답했다
매일 같이 한 가지 생각만 떠오르는 것을 억지로 다른 생각을 하고

시간과 노력을 기울여서 살아 있자 그래도 뭐라도 해보
자 하고 생각을 한다
그 대가는... 금전이나 어떠한 물질적 대가가 아닌
내가 1분 1초를 더 숨이 붙어 있을 수 있는 것이다.

그렇다면 살아있는 것 자체가 나에게 있어서
하나의 직업이 될 수는 없는 걸까 비록
생계를 위해 아무 노력도 기울이고 있지 않지만
생계 중 생 자체가 하나의 목적이고
계는 더이상 계산되어질 문제가 아닌 것이 아닌가

이런 이야기를 선생님은 차트에 아무것도 적지 않았다.
병원 문을 나서고 집에 돌아 오는 길에
약 봉지를 열어 보니 지난 주 보다 알약 반개가 하나 더
추가 되어 있었다.

내일은 아마도 오늘 보다 조금 덜 우울할 것이다.

터널을 빠져 나와야지요

매일 고독감과 우울함 때문에 괴로우며
때때로 죽고 싶다는 생각을 한다는 내 말에
이 괴로움을 어떻게 해야되냐는 내 질문에
의사는 짜여진 각본처럼 대답 했다.

들어간 적도 나오는 법도 모르는 터널에
나는 대체 언제 들어가 버린 걸까
빛이 보이는 방향일까
바람이 불어 들어오는 쪽일까
갈피를 잡지 못하고 세월만 허송하게 흘러보내며
결국 정신 차려보면 매일을 제자리다

병원 밖을 나서면 우리가 봉철씨를 도와줄 수 없어요
나쁜 마음이 들면 꼭 응급실을 찾아가기로 약속해요

한참을 침묵하다 간신히 네, 하고 대답을 했다
또 한 번 지키지 못할 약속을 해 버렸다
하는 생각이 머리속을 스쳐 갔다

말하는 것을 의사는 듣다가 간혹
앞에 놓인 종이에 뭔가를 적고는 했다 나의 이야기의
가볍고 중요함이 의사를 거쳐 적혀지고 있는 걸까
가급적 바람이 불면 아무것도 남아있지 않도록
가벼운 이야기들이 옅은 필체로 적혔으면 했다 그렇다
면 적어도
바람이 불어오는 쪽은 아마 출구가 아닐 것이다 써 놓
은
유서가 있느냐는 물음에는 고개를 저었다 정서한 활자
의 흑연이
날아갈까 간신히 삶의 진실만을 간수하고자 하는 교정

어떻게해야 이 터널을 빠져나갈 수 있을까
터널 안에서 안락함을 느끼며 안주 할 수는 없는 걸까
내가
태어난 것은 우울과 고독이었으며 나의
천성이
나의 성장과정이 나를
더욱 깊은 곳으로 몰아 넣은 것은 아닐까

15분의 짧은 상담을 마치고 진료비를 계산하고 약을 받
아 나오며
한 걸음 한 걸음 마다 터널에 대해 곰곰히 생각해 보다가

터널 끝에 이미 다다랐거나
터널 끝에 혹여 출구가 아닌 다른 것이 있는 것은 아닌
가를 생각했다.

안녕하세요 김봉철 입니다

1.

저는 작가가 아닙니다. 글을 쓰는 사람도 아니며 글을 쓰는 것을 취미로 둔 적도 없습니다. 단지 몇 권의 독립출판물을 만들어내었을 뿐입니다. 최종학력은 고졸이며 글을 쓰는 일에 대해 일정한 커리큘럼을 거치는 전문적인 교육을 받은 적도 없습니다. 그럼에도 불구하고 몇 권의 독립출판물을 제작할 수 있었던 것은 우연한 기회에 한 사람을 만날 수 있었기 때문입니다.

그를 처음 알게 된 것은 인터넷으로 뭔가를 검색하다가 한 블로그에 시선이 멎었기 때문입니다. '30대 백수 쓰레기'라고 블로그 내에서 자신을 소개한 그는 저와 동년배였으며 일정한 직업이 없이 간간히 아르바이트나 일용직 건설업 막일에 종사하며 부모님의 집에 얹혀사는 일상을 글로 올리고 있었습니다. 처음에는 뭐이런 한심한 인간이 다 있나, 하고 글 몇 개를 읽어보다순식간에 그의 블로그 전체를 훑고 있는 저를 발견하였습니다.

어린 시절 가정에서 받았던 학대에 가까운 훈육에 대한 이야기, 학창 시절에 친구들과 잘 어울리지 못하여따돌림을 당했던 이야기들을 그는 담담한 문체로 이야기하고 있었습니다. 아마도 유년 시절 엄했던 가정환경 때문에 사회화가 제대로 이루어지지 않았고 이것이 성장과정을 통해 그를 계속해서 괴롭히는 듯 보였습니다. 저 역시 그와 완전히 같지는 않더라도 유사한 경험을 했으며 또 이러한 사례들을 많이 봤던 탓에 그에게 쉽게 빠져들었습니다. 다소 어둡고 무거울 수 있는 이야기를 웃으며 읽게 만드는 익살 넘치는 문체도 그의 블로그를 쉬지 않고 탐독하게 하는데 한몫하였습니다. 나는 이런 일들을 겪지 않고 살아와서 다행이다, 하는 생각이 들었을 때는 야릇한 죄책감과 묘한 안도감을 느끼고 있는 제 자신이 조금 부끄러워지기까지 했습니다.

그의 이야기는 어린 시절을 넘어 성인이 되어서까지 이어지고 있었습니다. 아르바이트 하나 제대로 못하는 그가 군대에 가서 겪었던 일들, 많은 사람들에게 상처를 받았다고 생각했지만 사실은 그도 많은 사람들에게 상처를 주고 있었던 일. 그리고 어머니. 그의 글에서 그의 어머니를 빼놓고는 이야기를 할 수 없을 것입니다. 저는 그의 글에서 알 수 없는 묘한 매력을 느꼈습니다. 자신을 중졸의 무직이라고 밝힌 그가 쓴 글에 빠져든 것은 저뿐만은 아니었습니다. 블로그에 달린 댓글마저 모두 읽어보았습니다. 왜 그렇게 사느냐, 한심하다. 너만 힘든 것 아니다. 징징거리지 마라 등의 훈계와 욕설,

어머니에게 효도해라, 힘내라, 응원한다는 격려의 메시지들이 섞여 있지만 그는 크게 개의치 않는 것 처럼 보였습니다.

이 사람은 왜 이런 글들을 인터넷에 올리고 있는 걸까? 저는 이것이 의아하여 며칠을 고민하고 생각해보았습니다. 밝고 아름다운 것만 봐도 모자란 세상에서 어둡고 음울함을 있는 그대로 드러내는 이유는 대체 뭘까. 사람들은 간혹 그의 글을 보고 솔직한 이야기를 보았다. 솔직할 수 있는 용기에 박수를 보낸다고 하지만 정말 솔직한 것이 선이며 있는 그대로의 솔직함을 드러내는 일이 박수를 받을 만한 일일까. 글을 읽고 사람들이 자기 자신에 대해 이상하게 보거나 좋지 않게 생각하는 일에 대해서는 신경 쓰지 않는 걸까.

며칠간의 고민 끝에 나름의 가설을 세우게 되었습니다. 이 사람이 이러한 글을 쓰는 것은 자신의 괴로움을 털어내기 위해서다. 어린 시절의 괴로웠던 기억과 성인이 되어서도 무직인 채로 부모님과 함께 사는 일들. 이런 것들을 잊어내기 위해서다. 어디선가 들었던 심리학 이론이 하나 생각났습니다. 안 좋은 기억들을 입 밖으로 소리 내어 이야기를 하는 것만으로도, 안 좋은 기억은 머릿속에서 다시 한 번 꺼내져서 말하는 과정을 통해 덧씌워져 그 기억은 새로운 기억이 된다. 새로운 기억은 조금 더 옅어지고 또 새로 생산된 기억이라 그로 인한 통증은 줄어든다는 것. 그렇다면 정말이지 고약한 일이 아닐 수 없습니다. 자신의 괴로운 기억과 상황을 털어내는 것으로 본인의 괴로움을 줄이려는 못된 마음이 세상에 어디 있을까요?

한 가지 가설을 세웠으니 이제 추론을 통해 이 가설이 맞는지 확인해보면 됩니다. 여러 번의 시도와 거절이 반복된 끝에 저는 이 사람과 만나기로 약속을 잡았습니다.

"안녕하세요. 김봉철입니다."

그는 들릴 듯 말 듯한 작은 목소리로 인사를 건네 왔습니다. 저도 제 이름을 말하며 악수를 청했지만 그는 제가 내민 손을 고민하는 듯한 눈으로 계속 내려다보고 있기에 웃으며 손을 거뒀습니다. 작고 왜소한 체구, 어딘가 오랜 어둠이 느껴지는 음울한 얼굴, 햇빛이 유독 그의 얼굴에 오래도록 비치고 있는 것마냥 그의 얼굴에는 그림자가 깊게 패여 있었습니다. 말하지 않아도 첫눈에 이 사람은 친구가 없어 보인다, 하고 느껴질 정도였습니다. 글로 사람들의 마음을 움직이고 있는 사람,

자신의 솔직한 이야기를 쓰는 것만으로도 사람들에게 인기를 얻고 있는 사람이라는 경외감과 기대가 있었습니다. 설마 정말 그렇게 살고 있겠어? 하는 호기심과 의혹을 가지고 만나러 나갔으나 상상했던 것에 정확하게 부응하는 그의 외양을 보고 조금쯤 저도 모르게 무시하는 마음이 든 것은 사실입니다.

"만나자고 해도 안 나오실 줄 알았어요. 이렇게 나오신 이유가 뭔가요?"

"돈……"

"돈이요? 제가 돈을 드린다고 한 적은 없는 것 같은데?"

"돈까스 사주신다고 해서요."

분식집에서 돈까스를 앞에 두고 우리는 이야기를 나눴습니다. 며칠간 끼니를 해결하지 못했다고 말하는 그의 눈매는 왠지 눈물이 그렁그렁 맺혀 있어 당장이라도 흘러나올 것 같았습니다. 어머니가 자신을 이해해주지 않는다고도 이야기했습니다. 그에게 저는 왠지 모를 친밀감을 느끼고 있었습니다. 블로그에 올라온 그의 글을 모두 읽었기 때문일까요. 그래서 오래 알고 지낸 친구처럼 그를 편하게 느껴 말을 쉽게 툭툭 던지게 되는 것을 참아내야만 했습니다. 아니면 그의 초라해 보이는 외모와 복장 때문이었을까요. 먼저 어머니를 이해해 보려 노력해보시는 건 어떨까요, 하고 물으려다 초면에 실례를 범할 수는 없다는 마음으로 견뎌냈습니다. 작가 님, 하고 호칭을 하였을 때 왜소하고 소심해 보이기만 하던 그가 눈매를 찌푸리며 말을 했습니다. "저는 작가 가 아닙니다. 글을 쓰는 사람도 아니며 글을 쓰는 것을 취미로 둔 적도 없습니다."

2.

　단지 심심해서 글을 올리기 시작했다는 말에 실망한 기색을 감출 수 없었습니다. 며칠 동안 이 사람은 왜 이런 글을 쓰고 있는가, 고민했던 제가 바보 같아 분하기까지 했습니다. 아무 생각이 없었다는 말에 더 편하게 궁금했던 것들을 물어보았습니다. 작가님이란 호칭이 싫으시면 뭐라고 부르면 좋을까요? 봉철 씨? 봉철 님? 그는 작가님 소리만 아니면 호칭은 아무래도 좋다고 이야기하였습니다. 그렇다면 봉철 씨라고 할게요. 봉철 씨,

"글은 어디서부터 어디까지가 진짜인가요?"

　그는 다시 인상을 찌푸렸습니다.

"그런 건 중요하지 않다고 생각해요. 어디서부터 어디까지가 진짜인지 알고 싶어 하는 건 동북아시아 지역의 강한 학구열과 주입식 교육으로부터 비롯된 게 아닌가 싶어요. 정답이 있어야 하고 어디서부터 어디까지가 실제이고 어디서부터 어디까지가 허구인지 알아야 하는. 만약 여기서부터 여기까지가 실제라 이야기했을 때 그럼 나머지 부분은 허구일까요? 저는 시중에 나와 있는

에세이들이 전부 100퍼센트 진심을 이야기한다고 생각하지 않아요. 그건 불가능한 일이에요. 오늘의 진심이 어제의 진심과 다를 때, 그건 허구를 이야기한 것이고 거짓일까요. 사람들은 매 순간 변해요. 자신이나 타인을 몇 마디 말로 평가하고 또 거기에 가둬놓으려는 시도들로부터 인간관계는 실패한다고 생각해요."

수십 번은 더 들은 질문이라도 되는지 그는 다소 지겹다는 듯 이야기를 했습니다. 아니 저는 그냥 궁금해서 물어본 거예요. 별 뜻은 없었어요. 봉철 씨. 동북아시아까지 말을 꺼내실 필요는 없으신데, 세계지리 시간인가? 농담으로 넘어가보려 했지만 그의 말은 끝나지 않았습니다.

"그러나 우리가 비록 어제의 진심과 오늘의 진심이 다르다고 하더라도."

그는 물을 한 잔 들이마시고 이야기를 이어갔습니다. 그가 말하는 방식은 서툴렀으며 억양이나 단어를 말하는 방식에서 그가 사람들과 말을 많이 해보지 않은 것 같다는 생각을 했습니다.

"계속 매일의 진심을 기록하는 과정을 통해 하나의 마

음에 도달할 수 있을지도 모르죠."

"그렇다면 저는 봉철 씨의 마음에 도달하고 싶어요."

말을 듣자 그는 노골적으로 인상을 찌푸리며 기분 나쁜 내색을 비추었습니다. 저는 바로 사과를 했습니다.

"아니 농담이에요. 제가 너무 친한 척했죠? 저야 봉철 씨의 글을 블로그를 통해 전부 다 봤으니까 마치 오래 알고 지낸 친구처럼 친숙하게 느껴져서 그랬어요. 미안해요."

한동안 침묵이 흘렀습니다. 그는 침묵을 두려워하는 것처럼 둘 사이의 말이 이어지지 않자 어쩔 줄 몰라 하였으나 먼저 말을 걸어오지는 않았습니다. 앞에 놓인 음료에 담긴 빨대를 계속해서 만지작거리며 초조함을 드러내는 것을 유심히 지켜보다 "그만 일어나죠. 오늘 만나주셔서 감사합니다." 하고 자리를 나섰습니다.

그 후로도 저는 이 김봉철이란 인물에 대하여 호기심을 갖고 더 알아보고 싶었습니다. 그는 집에서 게임을 해야 된다는 핑계로 만나자는 제안을 거절하고는 했습니다. 올해 안에는 골드를 꼭 찍어야 한다는 그의 말에 게임에 쏟을 그럴 열정으로 취업을 해보는 건 어떻겠냐는 말을 하려다 그만두었습니다.

"그래서 아버지랑은 아직도 같이 사는 거야?"

몇 번의 만남 후 우리는 말을 놓기로 하였습니다. 이 과정도 순탄하지만은 않았는데 제가 말을 놓자고 제안을 하자 그는 마지못해 고개를 끄덕인 뒤에도 한동안 저에게 존댓말을 사용하였습니다.

"어."
"같이 지내는 게 불편하지는 않아?"
"그럭저럭. 어쩔 수 없기도 하고, 또 불편한 것도 익숙해지면 지낼 만해."
"아버지는 요새 뭐하시는데?"
"구청에서 일하셔."
"구청? 공무원이셨어? 니가 쓴 글하고 다르네? 너네 집 사실은 잘사는 거 아냐?"
"아니 그런 건 아니고."

그는 머뭇거리다 입을 열었습니다.

"환경미화원, 주로 새벽에 나가서 일하시니까 마주칠 일은 거의 없어."

아무리 미운 아버지라도 역시 그에게도 가족은 가족인 것 같았습니다. 구청에서 일한다고 하는 그의 허약한 허세에 저도 모르게 보지 말아야 할 그의 빈틈을 봐버린 것만 같아 눈을 질끈 감았습니다.

"근데 어느 날 새벽에 게임하다가 배가 고파서 동내 순댓국밥 집에 갈까 하고 나갔는데, 국밥집 앞에서 아주머니와 이야기를 하고 있는 아버지를 봤어, 순댓국밥 집 앞에 청소차가 있어서 설마설마했는데 형광색 유니폼을 입은 아버지더라. 동네 쓰레기를 수거하다가 배가 고파서 동료분이랑 밥을 먹으려고 순댓국밥 집에 들어갔는데, 거기 있던 취객들이 냄새 난다고 시비를 걸었나 봐. 그러니까 아버지도 아무 말 못하고 그냥 나오고 가게 주인 아주머니가 따라 나와서 죄송하다고 손님들이 싫어하면 자기도 어쩔 수 없다고 이야기하시고."

그는 여기까지 이야기를 하고 저의 눈치를 살폈습니다. 자신이 하는 이야기가 조금 길어진다 싶을 때 상대방의 눈치를 살피는 것이 그의 습관 중 하나였습니다. 자기 이야기를 듣고 있는지 혹은 지루해하는 것 같지는 않은지. 저는 얼른 그에게 제가 할 수 있는 최대한의 호의를 덧붙인 대답을 했습니다.

"그래서?"

"이제는 정말 모두가 그를 기피하게 되었구나 하고 생각했어. 솔직히 그 장면을 봤을 때는 어린 시절의 꿈이 이제서라도 이루어졌구나 하고 기뻤어, 근데 집에 와서 곰곰이 생각해봤는데. 사람들이 다 싫어하는데 나라도 이 사람을 미워하면 안 되겠구나 해서 더 이상 아버지를 미워하지 않기로 했어."

저는 정말 묻고 싶었던 것을 물어보았습니다.

"글은 언제부터 쓰기 시작한 거야?"

"처음 뭔가를 써봐야겠다고 생각했던 건 초등학교 때야. 어느 날 갑자기 소설을 써보고 싶다는 생각을 했어. 이야기를 지어내 려고 펜을 들고 종이에 인물들을 설정하기 위해 써보려고 했는데. 그때에도 나는 친구가 없었으니까 '나'라고 쓰고 옆에 괄호를 쳐서 나이를 적어 두니까 더 쓸 수 있는 인물이 없더라? 그래서 생각난 게 '어머니', '아버지'를 적고 어머니 옆에 괄호를 쳐두고 엄마 나이를 적었지. 아버지 옆에 괄호를 친 다음에 한참을 고민하다가 나이 대신 '공포'라고 적어두었어."

이 말을 들었을 때는 왠지 모르게 눈물이 나올 것 같은 슬픈 기분이 들었습니다. 슬픈 기분은 묘한 것이라

눈물이 나서 슬픈 것인지 슬퍼서 눈물이 나는 것인지는 아무도 모를 일입니다. 저 역시도 아버지를 생각하면 눈물부터 나던 시기가 있었습니다. 저는 그 눈물이 슬픔 때문이었는지 공포 때문이었는지를 고민하며 그의 이야기를 계속 들었습니다.

"중학교 때도 역시 친구가 없었어. 친구라기보다는 나를 때리거나 때리지 않는 아이들만 있었지, 쉬는 시간 보단 수업 시간이 오히려 즐거웠어. 쉬는 시간이면 반 아이들이 제각기 모여 같이 이야기를 나누고 장난을 치고 전날 봤던 TV 프로그램의 이야기를 하거나 몰래 가져온 만화책을 돌려보던가 하는데 나는 누구와도 뭔가를 할 수 없었어. 겉옷을 뒤집어쓰고 엎드려서 자는 척을 했어. 그러다가 그들이 각자의 장난에 흥미를 잃어갈 때쯤 내가 새로운 장난의 대상이 되지 않기만을 바랐지."

'책상 위에 엎드려 두 팔로 얼굴을 가리려는 것으로부터 생겨 난 암흑 속에서 이야기는 피어났다.'

그날 밤 집에 돌아오는 길, 저는 그가 마지막으로 했던 그 말을 곰곰이 되새겨보았습니다. 어떻게든 그를 도와주고 싶다는 생각. 안쓰럽고 또 안타까우며 아직까지도 어둠 속에서만 간신히 빛을 바라며 살아가고 있는 이 친구에게 한줄기 빛이 되어주고 싶다는 생각을 했습니다.

인터넷 검색을 하다 독립출판이라는 것을 알게 되었습니다. 그에게 이에 대해 간략히 설명하고 그가 쓴 글로 독립출판물을 제작할 것을 제안하였습니다. 그는 머뭇거렸습니다.

"야, 출판사를 거치지 않아도 책을 만들 수 있단다. 사람들 요새 이런 거 많이 한다는데?"
"이런 걸 정말 누가 읽고 싶어 할까?"
"바보야, 재밌어. 좋아하는 사람이 분명 있을 거야."
"니가 어떻게 알아?"
"어떤 사람이든 반드시 누군가에는 소중한 사람인 것처럼 니 쓴글도 누군가에게는 반드시 소중하게 다가갈 거야."
"난 한 번도 다른 사람에게 소중한 사람이었던 적 없어."
"그럼 내가 너의 처음이 될게."
"미친 소리 작작해."

수줍어만 하던 그의 표정에 살며시 미소가 보인 것도

같았습니다. 그가 마음을 조금 연 것 같아 저도 흥이 나서 이야기를 계속했습니다.

"책을 만들게 되면 내가 마케팅이나 홍보 같은 건 자신 있으니깐 맡아서 할게. 넌 아무 걱정 말고 일단 만들기나 해. 내가 그 방면에는 전문가니까."

저도 당시에는 다니던 직장을 그만두고 아르바이트로 소일하고 있던 차였습니다. 고등학교를 졸업하고 바로 군대에 다녀온 뒤, 공장을 다니던 저는 자동차 정비나 부품 조립 등 여러 가지 업종에 종사하여 보았으나 고된 육체노동에 지쳐 전부 얼마 되지 않아 그만둔 뒤 간단하게 할 수 있는 아르바이트를 간간히 해 나가고 있었습니다. 사실 저의 가정환경이나 학창 시절은 김봉철이 겪어왔던 일들에 비하면 상대적으로 무난하고 또 화목했다고 볼 수 있습니다. 그러나 제가 그에게 어느 정도 동질감을 느끼고 있었던 것은 다름 아닌 바로 저의 나태하고 또 게으른 성격 때문이었습니다. 기술을 배워 꾸준히 한 가지 일에 성실히 임하지 못하는 성미에 한두 달 정도 일을 하던 공장에서 몰래 짐을 싸서 도망나오고는 했습니다. '2교대와 3교대 사이, 나의 마음과 몸은 공장 레일 안에서 빠그라지네. 어둠이 몰려가는 새벽, 남아 있는 푸르스르함은 내 몸의 멍자국 뿐.' 같은 글을 써볼까 하는 생각도 있었습니다. 그러나 누가 나의 괴로움과 외로움을 읽어줄 것인가, 하는 마음에 아무것도 쓰지 못하던 차에 김봉철이 쓰는 글들을 발견한 것은 저에게 큰 충격으로 다가왔습니다. 그 무렵 제가 공장 일을 그만두고 하던 아르바이트로는 헬스장 전단지 돌리기, 정수기 방문 판매업 등이었습니다. 경비 아저씨를 피해 아파트에 몰래 잠입하여 집마다 벨을 누르고 인사를 한 뒤 정수기 소개 및 판매를 하는 일이었습니다. 헬스장을 홍보하는 내용이 담긴 종이를 가방 안에 수백 장씩 집어넣고 거리를 서성거리며 전단지를 나눠주는 일도 했습니다. "난 그런 건 자신 없으니까." 하고 풀죽어 하는 그를 보며 "마케팅은 내가 전문이야. 걱정마." 하고 호언장담하는 저의 머릿속에서는 그러한 과거의 이력이 스쳐 지나가고 있었습니다.

억양은 여전히 단조로워 높낮이가 따로 없는 단어들이 간신히 문장이 되어 그의 입에서 쏟아져 나오고 있었으나 저는 예전보다는 그가 조금 밝아진 것 같다는 생각을 했습니다. 물러 가고 있는 것이었을까요. 그의 마음과 몸에 남아 있던 어둠과 푸르스름함이.

여느 때처럼 처음 가보는 아파트 계단을 오르내리며 대문 앞에 치킨집 전단지를 붙이고 있던 도중이었습니다. 갑자기 그에게서 연락이 와 메시지를 확인해보았습니다.

"편집 다 끝냈어. 이제 인쇄소에 맡기기만 하면 돼."

저는 저의 꿈이 이루어지기라도 한 것처럼 뛸 듯이 기뻐 가방 안에 든 전단지를 모두 위로 던져버리며 환호성이라도 지르고 싶었으나, 제 몸에 아직 남아 있던 성실함과 얼마 되지 않는 시급에 대한 생각이 저를 금세 차분하게 만들어줬습니다. 그는 부모님께 늦었지만 지금이라도 정신 차리고 공무원 시험 준비를 해보겠으니 마지막으로 한 번만 믿어달라며 교재비와 강의비 명목으로 돈을 좀 빌렸다고 했습니다. 그는 그 돈을 전부 저에게 맡기며 책 제작비와 기타 경비로 사용해달라고 했습니다.

인쇄소에서 몇 번의 피드백이 오간 후 책은 작은 용달차에 실려 저의 집으로 도착했습니다. 그는 집이 좁아 책을 둘 곳이 없거니와 또 부모님께 이런 것을 만들었다고 보여줄 수는 없다며 자신의 집으로 배송을 받는 것은 힘들 것 같다고 이야기했습니다.

홍보용의 SNS 계정을 만들었습니다. 그가 오랫동안

블로그를 해오기는 했지만 여타의 SNS는 사회적 관계망이라는 이름대로 사회적인 관계가 존재하지 않으면 유지하기 힘든 것이었습니다. "내가 이런 걸 다 해보네." 그의 얼굴에는 쓸쓸한 미소가 서렸습니다. 앞으로 너는 유명해지게 될 거야. 저는 그에게 장담을 해 보였습니다.

독립서점 입점을 위해 입점제안서를 작성하였습니다. 아무래도 그는 이런 형식이 필요한 문서 작성은 어려워하는 것 같아 보였습니다. "이건 이렇게 쓰고 이런 이런 내용을 넣는 게 좋겠다. 내가 또 이런 부분에 있어서는 전문가잖아." 그에게 조언을 하였습니다. 수백 장의 통과 되지 못했던 이력서를 써왔던 것이 도움이 될 때도 있네, 저는 속으로 몰래 생각했습니다.

책을 넣은 가방을 짊어지고 서울 근교에 있는 독립서점에 입고를 하는 일은 제 몫이었습니다. "사람들 마주치는 건 아무래도 어려워." 난색을 표하는 그에게 저는 다시 한 번 예의 그 자신감을 보였습니다. "그런 건 내가 해. 아무 걱정하지마." 그렇게 그가 블로그에 써왔던 글을 모아 책자로 만들어 독립서점에 입고를 하기 위해 찾아가 문을 열고 들어서며 저는 서점 주인분들께 인사를 드렸습니다.

"안녕하세요, 김봉철입니다."

3.

석양이 진다. 한 게임 캐릭터가 필살기를 사용할 때 하는 말 입니다. 피시방에서 같이 게임을 할 때면 그는 게임 캐릭터의 대사를 흉내 내며 조용히 중얼거리고는 했습니다. 처음에는 그 모습이 재밌고 신기하여 지켜보았지만 시간이 갈수록 서른이 넘어서 보이는 행동으로는 맞지 않는다고 생각되고 주위에서 이상하게 쳐다보는 것 같아 창피하기도 하여 한번은 물어보았습니다.

"너 그거 왜 그러는 거냐?"
"뭘?"
"총 쏠 때마다 석양이 진다 이러는 거."
"내가? 몰랐어. 미안해."

나중에 그가 밝힌 바로는 이렇습니다. 책을 잘 읽지 않는다는 그가, 사람과 대화하는 법을 모르며 대화를 해볼 기회가 많지도 않았던 그가 이야기를 할 수 있는 상대는 우습게도 게임 속 캐릭터들 뿐이었다는 것. 저는 이 말에 묘하게 흥미를 느꼈습니다. '석양이 진다.'는 '바람이 분다.'와 많이 닮았어 하고 이야기한 뒤 그는 잠시 생각에 잠겼습니다. 요새는 후크송이 인기를 얻고 수능 금지곡이라는 말도 생겨났다. 말은 단어와 문장을 구성하여 특정한 이미지를 전달하는데 여기서 그 단어와 문장의 구성은 중요하다. 읽다 보면 리듬감을 전해주는 문장들이 있는데 자신은 그러한 말들을 좋아한다는 것이었습니다. 좋아하는 문장, 잘 써진 글들을 많이 읽으면 그러한 문장의 구성과 형식이 마치 후크송처럼 머리에 남아 언젠가는 자신의 생각을 그 문장의 형식에 담아 구사할 수 있게 된다는 것. 흔히 글을 쓸 때 중요하다. 고 여겨지는 다독과 다념과 다작. 많이 읽고 많이 생각하고 많이 써보는 것이 중요한 이유가 여기에 있지는 않을까요.

 "소설 한 권을 쓰기 위해서는 한 수레의 책을 읽어야 한댔어."
 "한 수레가 몇 권쯤 되는데?"
 "한 500권?"
 "근데 요새 누가 수레라는 말을 쓰기는 하냐? 너는 몇 권 정도 읽었는데."
 "한 20권?"

 넌 소설은 못 쓰겠다야, 하고 웃으며 말하자 그는 표정이 좋지 않아 보였습니다. 게임에 져서일까요. 쉽게 던진 농담에 과민하게 반응하는 그는 놀리는 재미가 있었습니다. 생각을 해보니 그의 말에도 일리는 있어 보였습니다. 딱히 글이 아니더라도 친한 친구나 연인과 오래 같이 지내다 보면 그들의 말투를 닮게 되고 자주 쓰는 단어나 행동이 겹치게 되는 일들이 있습니다. 국내나 해외의 유명한 영화감독 중에서도 영화를 어떤 정규적인 교육 단계를 밟아 공부를 한 것이 아니라 어린 시절부터 영화를 굉장히 많이 보아 유명한 영화 감독이 되었다는 말을 들은 것도 같았습니다. 그렇다면 글을 쓰기 위해서는 자기가 쓰려는 것과 유사한 장르의 글들을 많이 읽고 많이 생각해보는 것이 좋지 않을까요. 저는 어느새부터인가 김봉철과 말투가 많이 닮아 간다는 것을 느꼈습니다. 특히 시도 때도 없이 나오는 그의 "죄송합니다." 라는 말을, 저는 이것을 깨달은 순간 흠칫 놀라 조심 해야겠다고 생각했습니다. 기껏해야 봉철 가고 싶은 대로 간다. 하는 게임 속 대사를 따라 하는 그의 말투와 닮을 수는 없는 노릇이었습니다.

마켓에 참가하기도 했습니다. 독립서점에서 주최하여 독립출판물 제작자들이 한곳에 모여 책과 엽서 등을 판매하는 곳이 있 다는 것을 보고 그에게 물어보았습니다. "같이 나갈래?" 그는 고개를 가로저었습니다. 아직까지 사람들 많은 곳에는 나가기 어렵다는 그는 나가보고 싶으면 혼자 나가라고 말했습니다. 참가 신청서를 내고 가방에 책을 담아 마켓에 참가하였습니다. 땀을 뻘뻘 흘리며 가방을 짊어지고 장소에 도착하였을 때, 다른 제작자들은 모두 캐리어에 짐을 실어 온 것을 봤습니다. 아, 저런 방법으로 가져오면 훨씬 편했을 텐데, 저는 괜스레 마켓에 같이 오지 않고 집에서 잠을 자고 있을지 게임을 하고 있을지 모를 그가 미워졌습니다. 심통이 나 그에게 메시지를 보냈습니다. "자냐? 또 게임하냐? 나는 이렇게 땀 뻘뻘 흘리면서 여기 나와서 니 책 한 권이라도 더 팔아보려고 애쓰는 거 알지? 어제 SNS에 홍보글도 다섯 개나 올렸어." "미안해." "석양이 지나? 어? 석양이 지고 있어? 너는 아주 항상 니 멋대로야." 모두가 책을 캐리어에 담아 끌고 오는 자리, 혼자만 바보같이 백팩에 책을 잔뜩 짊어지고 간 저는 저의 수치심을 분노로 바꾸어 그에게 쏟아내버렸습니다. 친구가 없어 오래도록 외롭고 고독했던 그의 삶에서 친구가 사라지는 일은 익숙하지만 또 두려운 일처럼 보였습니다. 관계가 끊어지는 것을 두려워하는 그의 오랜 불안과 공포를 빌미로 어느 새부터인가 저도 모르게 그를 심리적으로 압박하고 있었습니다. 그때부터였을까요, 우리 사이에 정말 석양이 지고 있었던 것이.

석양이 질 무렵까지, 테이블에 책을 꺼내놓고 사람들이 지나가는 것을 보았습니다. 마켓에 참가하는 일은 즐거운 경험이었습니다. 나름의 판매 전략이 있다고 장담을 하고 나왔습니다만 저에게 그런 깜냥이 있을 리 없었습니다. 다른 독립출판물 제작자들과 인사를 하고 이야기를 나누었습니다. 이럴 수가, 저는 속으로 작은 탄식을 내뱉었습니다. 겉으로는 아무렇지도 않은 척 인사를 나눴습니다만 그들의 외양과 풍기는 분위기가 저를 주눅 들게 하였습니다. 말끔하고 지적인 뉘앙스가 그들에게서는 흘러나왔고 그들은 테이블 앞에 서 있는 사람들과 자신감 있고 당당한 표정으로 이야기를 나누고 있었습니다. 지하철 역 입구나 길거리에서 전단지를 나누어주던 일을 떠올리며 마케팅에는 자신이 있다며 김봉철에게 떠벌리고 온 것을 후회했습니다. 게다가 웬일인지 제 테이블 앞에는 아무도 오지 않았습니다. 다른 사람들의 테이블에는 호기심을 보이고 눈길을 주며 관심을 가지며 살펴보던 이들이 유독 제 앞에서는 눈길을 흘깃 주고는 스치 지나갔을 뿐입니다. 흘깃. 살면서 얼마나 많은 흘깃을 견디내야 했을까요. 용기를 내서 "구경 좀 해보고 가세요." "책 읽어보고 가세요" 하는 말을 간간히 해보았으나 사람들은 주눅 들고 풀이 죽은 목소리에는 시선을 두지 않는 법입니다. 흘깃. 저는 마켓에 어디에도 시선을 둘 곳이 없어 다시 집에서 속 편하게 게임이나 하고 있을 김봉철에게로 시선을 돌렸습니다. 왜 이런 것을 쓰고 책이라고 만들어서 나를 이곳에 나오게 했나. 분노는 때때로 잘못된 이유로 인해 더 커지는 법입니다. 어디서부터 어디까지가 잘못되었나에서 어디를 빼고 나니 잘못만이 남았습니다. "죄송합니다." 입버릇처럼 되뇌던 그의 말이 생각났습니다. 잘못은 방향과 속도를 잃은 채로 제 안에서 그에 대한 분노로 쌓여가고 있었습니다.

그래도 사람들이 책에 관심을 갖고 읽어보기도 했습니다. 독립책방에서 책을 구입하여 읽어본 후 저를 궁금해하며 찾아온 사람들도 있었습니다. 그런 분들은 저를 작가님, 이라는 호칭으로 부르셨습니다. 작가님. 평생에 들어볼 거라고는 생각해본 적도 없는 말이었습니다. 괜스레 어깨가 으쓱해졌습니다.

"봉철님 저 책 잘 봤어요." 하는 말에 감사합니다. 하고 웃으며 대답했습니다. 왠일인지 저에 대해 잘 알고 있다고 생각하고 친숙하게 느끼는 것 같았습니다. 마치 제가 김봉철을 처음 봤을 때 그에게 느꼈던 묘한 친밀감처럼. 눈앞에서 책을 읽고 웃음을 터트리거나 사뭇 진지한 얼굴로 정독을 하는 이들도 있었습니다. 작가님, 하고 물으면 네 제가 김봉철입니다. 하고 대답했습니다. 진짜 김봉철은 집에서 게임이나 하고 퍼질러 자빠져 있겠지만 이렇게 밖에 책을 들고 나와 사람들과 이야기를 하는 제가 더 고생하는게 아닐까요? 그렇다면 만들어진 책에 대한 보상은 제가 받아야 마땅한 일입니다. 글을 제대로 써본 일도 아니 글을 써보겠다는 생각을 해본 적도 없지만 저는 점점 그 작가님 소리에 취해가고 있었습니다. 어떻게 이렇게 솔직한 글을 쓸수 있으세요? 주로 들은 말은 이 이야기였습니다. 어떻게 이런 글을 쓰고도 다른 사람에게 보여주는 것을 부끄러워하지 않는가. 저는 글을 쓰는 사람이 아닙니다. 글쓰기를 전문적으로 배워본 일도 없습니다. 단지 밤하늘의 어둠이 가시고 내일의 태양이 떠오르기 전, 어제의 어둠이 아직 내 마음속에 남아 있지 않기를 바라는 사람일 뿐입니다. 달은 사람들의 어제의 어둠을 가리기에 매일 저렇게 차고 또 가라앉는 것은 아닐까요, 하고 짐짓 폼을 재며 대답하고 있었습니다.

그러나 이런 질문을 마주할 때면 저는 마음속으로 일말의 죄책감을 느끼며 생각하고는 했습니다. 그것은 제가 쓴 것이 아니라 김봉철이 쓴 글입니다. 그는 어느새 저의 마음속에서 가라앉기를 바라는 푸르스름한 어둠이 되어가고 있었습니다. 빌고 남은 소원만 남긴 채로 차고 나면 기울어버리는.

그러자 왠지 테이블 뒤에 서 있는 것이 부끄러워지고 귀찮아져 저는 도망을 가 있을 궁리를 하였습니다. 종이에 '무인서점'이라고 적고 제 계좌번호를 남겨둔 뒤 근처 피시방에 가서 게임을 하며 시간을 때운 뒤 마켓이 끝날 때쯤, 시간 맞춰 돌아와 정리를 하였습니다. 그에게 혹시라도 제가 게임에 접속 중인 것이 들킬 것이 두려워 그가 모르는 아이디를 사용하였습니다.

"좀 팔렸어? 누가 보기는 해?"
"아니 망했어. 아무도 안 사더라. 쳐다보지도 않던데?"
"아 역시 그렇지? 누가 이런 걸 돈 주고 사서 봐. 너만 괜히 고생했네."

마켓에서 돌아와 그를 만났습니다. 아무리 사람들에게 관심이 없어 보여도 그도 궁금하기는 했던 모양이었습니다. 짐짓 시선을 다른 곳에 두며 별 흥미 없는 척 물어보는 그의 눈가가 오랜만에 반짝였지만 저는 그에게 마켓에서 책 판매는 거의 되지 않았다고 차비만 날렸다며 짜증 섞인 이야기를 해주었습니다. 지갑에는 사실 책을 팔고 받은 만 원짜리 몇 개가 들어 있었지만 이건 책을 힘들게 들고 가져가 하루 종일 고생한 저에게 주는 수고비로 생각하기로 했습니다. 독립서점에 입고되어 있는 책들이 팔리면 간간히 제 은행 계좌로 돈이 들어오기는 했으나 그에게는 아직 이야기를 하지 않았습니다. 책이 팔리는 것을 알면 더 게을러질 수도 있어. 애는 아직 돈맛을 봐서는 안 돼. 아직 순수하고 깨끗한 채로 남아 있어야 돼. 처음에는 약간의 죄책감도 들기는 했으나 감정은 어차피 무뎌지기 마련입니다. 오히려 그런 죄책감은, 저의 경제적인 상황이 자력으로는 개선할 방도가 적다는 사실과 책을 만들고 외부 활동은 전부 제가 도맡아서 해야 한다는 피로감이 섞여 그에 대한 짜증과 분노로 뒤틀려가고만 있었습니다.

"오늘 게임은 좀 이겼어?"
"아니. 나도 너 나가 있는 게 궁금하고 떨려서 손에 잡히지도 않더라. 계속 지기만 했어."

왜 나는 내가 만든 책을 가지고 밖에 나가지도 못하고 집 안에만 있는가, 하는 생각에 사실은 하루 종일 괴로웠다는 이야기를 할 때 그의 눈가에 조금 눈물이 보인 것도 같았습니다만 저는 모르는 척을 했습니다.

"됐어, 내가 나가서 했잖아. 뭐하러 힘들게 두 명이나 나가서 일을 해. 어차피 책 잘 팔리지도 않는데."
"고마워, 고마워 정말, 너 아니었으면 사람들한테 이거 밖에서 보여주지도 못 했을 테니까."
"그럼 나 나가서 고생했으니까 오늘 밥은 니가 사는

거지?"

"응, 그럴게."

그와 같이 저녁을 먹으면서도 저의 머릿속에는 그날 들었던 '작가님' 소리가 계속해서 맴돌고 있었습니다.

4.

'이 정도는 나도 쓸 수 있을 것 같다.'

어느 순간부터 제 머릿속에는 작가님 소리는 김봉철이 아니라 제가 들어야 마땅하다는 생각이 들기 시작했습니다. 이게 뭐라고 사람들이 읽고 잘 읽었다 소리를 하지? 저는 그가 만든 책을 다시 읽어보며 그런 생각을 했습니다. 그렇게 잘 쓴 것 같지도 않고 아무나 쓸 수 있는데 아무도 쓰지 않는 우울하고 뻔한 이야기들을 굳이 기어코 어거지로 써냈기 때문에 사람들이 읽는거 아닌가? 처음에 그의 글을 보며 느꼈던 그 감정들은 어디가 버렸을까요. 아마 우리가 너무 친해지고 가까워졌기 때문에 무뎌지고 또 익숙해져버린 것은 아닐까요.

그 즈음부터는 저도 그에게 글쓰기에 대해 물어보고 또 직접 글을 써보려는 시도를 해보기도 했습니다. 부끄럽고 또 미흡하지만 그에게 보여주었던 제가 쓴 시한 편을 소개해봅니다.

새벽

안쓰럽고 또 안타까우며 아직까지도 어둠
속에서만 간신히 빛을 바라며

2교대와 3교대 사이 나의
마음과 몸은 공장 레일 안에서 빠그러지네 어둠이
몰려가는 새벽 남아 있는
푸르스르함은 내 몸의 멍자국뿐

'나'라고 쓰고 괄호를 쳐서 나이를 적어두니
더 이상 쓸 말이 없다 무슨
이야기를 이어갈 수 있을까 괄호
하나 안에 하나 둘 셋이 모인 나이를 지우고
다시 하나 둘
적어본다 미련

주로 새벽에 나가서 일을 하니
마주칠 일은 거의 없어 다시
하나 둘 적어본다 미련

어딘가 오랜 어둠이 느껴지는 음울함
햇빛이 유독 얼굴에 오래도록 비치고 있는 것마냥

얼굴에는 그림자가 깊게 패여 있다 새벽
미련함을 이끌고 힘겹게 열어낸 현관

무슨 이야기를 이어갈 수 있을까
미련의 색깔은 푸르스름
허공을 휘휘 저어 다시 불러내 보는 불빛
안타깝고 또 안쓰러우며 아직
까지도 어둠
속에서만 간신히
빛을 바라며

사그러든다

이 정도면 제법 괜찮지 않은가 하는 생각이 들었습니다. 그에게 시를 보여주고 평가를 받을 요량으로 가져가 보여주었습니다. 그는 한동안 말없이 고개를 갸웃거리며 천천히 읽어 내려갔습니다. "잘 썼네." 한마디를 던진 뒤 종이를 접어 자신의 바지 주머니에 집어넣었습니다.

"뭐 더 해줄 말은 없어? 솔직히 어떤 거 같아?"
"잘 썼다고 생각해."
"아니 어디가 좋으면 좋다 이상하면 이상하다 말을 좀 해달라니까?"

재차 물어도 그는 더 이상 말을 잇지 않았습니다.

"너 내가 너보다 더 잘 쓸까 봐 불안해서 그러지?" 해도 그는 웃으며 넘길 뿐이었습니다.

그 즈음의 그는 첫 번째 독립출판물을 제작하고 이어두 번째 독립출판물을 준비 중이었습니다. "내가 만든 책을 사람들이 읽는다는 게 신기해. 물론 잘 안 팔리긴 해도, 시나 소설도 이제는 좀 제대로 써보고 싶어." 처음의 시도가 꽤나 마음에 들었던 걸까요. 아니면 오랫동안 아무것도 하지 않고 지내던 중 뭔가 하나의 결과

물을 만들어냈다는 것에서 그도 조금은 자신감 같은 것을 얻은 것은 아니었을까요.

"서점에서는 책 팔리는 거 없어? 책 새로 만들려면 또 돈이 좀 필요할 텐데, 집안 형편도 어려운데 더 손 벌릴 수도 없고. 그거 알아? 우리 집에서는 그래도 내가 오랜만에 공무원 시험 준비라도 해보려고 한다고 좋아하시더라. 엄마는 내가 요새 공부한다고 독서실 다니는 줄 아셔."

"아직 없다. 아직 입소문도 안 났고 사람들이 쉽게 사기는 힘든 책이니까 아무래도."

책은 간간히 팔려 얼마간 용돈을 할 정도의 금액이 제 통장으로 매달 정산되어 들어오고는 했습니다. 줄곧 해오던 전단지 아르바이트도 당분간 하지 않고 있던 저에게는 요긴하게 쓰이는 금액이었습니다. 그에게는 아직 말할 때가 아니라는 생각을 했습니다. 저는 지레 숨기고 싶은 부분을 들켜버린 기분이라 도리어 그에게 짜증을 내고 언성을 높였습니다. 제가 쓴 시를 읽고서 별다른 말을 해주지 않는 것도 저를 무시해서 그런 것만 같았습니다. 그에게 하는 말과 행동이 과격해지고 나서였을까요. 언제부터인가 그가 저의 연락을 받지 않고 피하는 것 같았습니다. "그보다 너 요새 왜 이렇게 연락이 안 되냐?" "아 요새 새로운 책을 좀 만들어보려고." "그렇다고 이렇게 친구를 무시해도 돼? 니가 나 없으면 책을 만들 수나 있었을 것 같아?" 그는 다시 고개를 숙였습니다. 얼른 집에 가고 싶은지 계속해서 벽에 걸린 시계를 훔쳐보고는 했습니다.

이 정도는 나도 쓸 수 있을 것 같다. 내가 마켓에 나가서 제대로 홍보를 하고 판매를 하지 못한 이유는 내가 쓴 글이 아니기 때문이다. 저는 저의 나태와 태만의 원인을 또다시 그에게서 찾고 있었습니다. 그와 그가 쓰는 글을 점점 더 무시했고 '이 정도'의 차이만 좁히면 그 정도는 저도 할 수 있을 것만 같았습니다. 저는 조금 말투를 누그러뜨리고 물었습니다. "근데 사람들은 대체 왜 글을 쓰는 거냐?" 조금 다정해진 저의 말투에 그는 마음을 푼 것 같았습니다. 살짝만 다정하게 대해도 금세 눈가가 촉촉해 져오는 그의 반응을 보는 일은 재밌었습니다. 살면서 다른 사람으로부터 존중받는 일이 적었던 제가, 유일하게 영향력을 끼칠 수 있는 인물은 그뿐이라는 생각에 우습게도 저는 그가 계속 제가 무시할 수 있는 사람이기를 바라고 있었는지도 모릅니다.

"글은 욕망을 드러내는 거야. 예전에 국어 교과서에서 어떤 사람이 쓴 글을 봤어. 글은 그 사람의 욕망을 드러내는 일이라고."

"욕망은 나쁜 거 아냐?"

"글쎄. 사람은 누구나 다 욕망이 있어. 그걸 어떻게 드러내고 어떻게 표현하냐에 따라 달라지지 않을까. 내 경우엔 친구가 있었으면 좋겠다는 욕망. 누군가가 내 이야기를 들어주었으면 하는 욕망이었는지도 모르지."

그는 다시 쓸쓸한 표정을 지었습니다.

"그럼 너는 욕망을 이룬 거네? 나 같은 좋은 친구를 만났으니까. 니 이야기도 잘 들어주고,"

"그래 그런지도 모르지." 그는 미소를 보였습니다.

저는 저의 욕망이 무엇인지 생각해보았습니다. 작가님, 제가 쓴 글이 아니었지만 작가님 소리를 들은 것이 저에게는 가장 기쁜 일이었습니다.

"글을 쓰고 싶은 거지? 나는 니가 잘 쓸 수 있을 거라고 생각해."

속마음을 들킨 것 같아 뜨끔하였습니다. 글 보여주니까 제대로 읽어보지도 않고 집어넣은 주제에, 저는 다시 심통이 나서 그에게 대꾸하였습니다.

"아냐 작가는 무슨. 내가 글 같은 걸 어떻게 쓰겠냐."

 글을 쓰고 싶냐고 물었으나 작가라고 바꿔 답한 것을 그는 눈치챈 듯 했습니다.

"난 내가 작가라고 생각 안 해. 글을 쓰는 사람이라고 도 생각 안 하고, 자기 스스로 작가라고 생각하면 안 되는 거야. 작가가 되고 싶다. 작가가 되어야겠다고 생각하면 그때부터는 작가가 뭘까 작가의 일을 해야겠다고 생각하게 되는 거야. 그럼 또 작가는 뭘까 어디서부터 어디까지 작가라고 할 수 있을까. 그런 말과 물음과 얽매여버려서 아무것도 할 수 없게 돼. 작가가 돼야겠다고 생각하지 말고 차라리 글을 써야겠다고 생각을 해. 나는 그냥 내 이야기를 글이라는 형식을 빌려서 쓴 거야. 딱히 글을 쓴다는 생각도 없었어. 그냥 그건 형식에 불과한 거야, 마치 작가라는 이름 따위처럼, 글을 써. 작가 같은 거 하지 말고."

 '작가님 소리가 듣고 싶다. 작가라는 이름을 가지고 싶다.' 저를 옭아매고 있던 속마음을 들켜버린 것 같았습니다. 저는 부끄러워져 도리어 화를 냈습니다.

"니가 뭘 알아? 너는 작가 아냐. 무슨 헛소리를 하고 있는 거야 지금. 작가는 저기 뭐야 그 대학 나와서 국문 과 나오고 어? 문창과 나와서 막 신춘문예 같은 거 도전 하고 문예지 같은 거에 글도 실리고 그러는 사람을 작 가라고 하는 거야. 이깟 책 한 권 만들었다고 니가 작가 라도 된 것 같고 글쓰기도 잘 아는 것 같고 그렇지? 사 람들 다 속으로는 비웃고 있어. 니가 무슨 작가냐고. 이 런 건 나도 쓰겠다. 어차피 니 엄마한테 공무원 시험 준 비하겠다고 삥친 돈으로 니가 혼자 만든 책이잖아. 이 딴 게 무슨 책이고 글이야. 니가 작가라고? 고등학교도 안 나온 게. 공무원 시험은 개뿔, 집에 가서 정신 차리고 검정고시나 봐라."

쏟아내듯 말을 마친 뒤 아차 싶어 얼른 그의 눈치를 살폈습니다. 차라리 저를 똑바로 쳐다보며 같이 화를 내고 욕을 해주었으면 했으나 그는 아무 말도 하지 않 다가 예의 그 입버릇 같은 한 마디를 했을 뿐입니다.

"미안해."

그렇게 헤어진 이후 한동안 그와 연락이 닿질 않았습 니다. 간간히 제 계좌로 들어오는 정산금으로 생활을 하며 글을 써보려고 했습니다. 나도 할 수 있어. 고등학 교도 못 나온 김봉철도 했는데, 나라고 못할 것 같아?

그러면서도 그가 잘 지내고 있는지 궁금하고 또 한편으로는 너무 심한 말을 해버린 것은 아닌가 미안하기도 했습니다. 그러고 보니 그와는 피시방이나 카페에서 만났을 뿐 어디 사는지 나이가 몇인지도 모른다는 생각이 들었습니다. 그의 글과 책을 읽고 그에 대해 많은 것을 안다고 생각 했지만 정작 그에 대해서는 아무것도 모르고 있었습니다. 그의 소식을 듣게 된 것은 얼마 후 의외의 연락을 통해서였습니다.

"어 봉철 작가님 잘 지내시죠? 아니 내가 얼마 전에 이상한 사람을 하나 봐서 말이야. 어떤 사람이 책방에 갑자기 찾아와서는 자기가 김봉철이라는 거야. 그러면서 책은 잘 팔리는지 몇 권이나 팔리는지 묻던데? 많이는 아니더라도 꾸준히 나가는 편이라고 했더니 슬쩍 웃더라고, 그러면서 그 봉철 작가님 책을 이렇게 계속 들여다보다가 인사하고 그냥 나가던데? 이 사람 뭐야 대체?"

책방에 모자를 푹 눌러쓴 왜소하고 초라한 행색의 남자가 찾아왔다는 것이었습니다. 저는 극도로 불안해졌지만 별 미친 사람 다 있다고 애써 웃어넘겼습니다. 나야. 내가 김봉철이야. 사람들은 어차피 내가 김봉철이라고 알고 있어, 어차피 말도 못하고 밖에 나가지도 못

하는 애라 설마 걔가 사람들한테 자기가 김봉철이라고 해도 사람들은 내 말을 더 믿을 거야, 애써 되뇌며 저를 안심시켰습니다.

그로부터 다시 연락이 온 건 몇 달이 지난 후였습니다. 저는 그동안 독립출판물 제작자로서 여러 가지 활동을 하고 있었습니다. 시민단체에 초청을 받아 강연을 하기도 하고 동네 책방을 돌아다니며 북토크를 하기도 했으며 마켓에 참가해 책을 판매하기 도 했습니다. "만나자." 문자를 받자마자 놀라 그에게 바로 전화를 하였으나 그는 받지 않았습니다. 대신 시간과 장소가 적힌 메시지를 보내왔을 뿐입니다.

화를 낼까. 용서를 구할까. 그를 만나게 되면 무슨 말부터 해야 될지 몰라 저는 머릿속이 복잡해졌습니다. 오랜만에 만난 그는 더욱 초라해 보였습니다. 정돈되지 않은 머리카락, 수염도 깎지 않은 얼굴, 이제는 정말 많은 것을 놓아버린 것 같았습니다. 내가 이길 수 있어. 내가 장악할 수 있는 유일한 사람, 저는 자신감이 생겼습니다.

"반갑다. 김봉철."

그가 건네 인사에 굳은 결심이 허물어지는 것 같았으나 다시 마음을 잡았습니다.

"니가 이제 와서 누구한테 말한다고 해도 소용없다. 내가 이제 김봉철이야."
"알아. 이제 그런 건 별로 상관 없어. 여기저기서 소식 봤어. 좋아 보이더라."

저는 그제야 마음이 조금 누그러져 물었습니다.

"잘 지냈냐?"
"나야 뭐 그렇지. 나 티어 마스터 달았어."

높아졌다는 그의 온라인 게임상 계급에 비해 그는 정말이지 너무나도 낮아 보였습니다. 푸르스름한 어둠, 빌고 남은 소원. 더 이상 아무도 동전을 던지지 않는 망가진 분수대.

"글은 좀 써? 요새 블로그도 안 하는 것 같던데?"
"그런 거 이제 안 하려고."
"왜? 책 뭐 새로 만들어보겠다고 했었잖아."

그런 건 글도 책도 아니니까, 그는 쓸쓸한 미소를 보

이며 이야기 했습니다. 그가 혼자서는 책을 만들기는커녕 집 밖으로 나오는 일에도 큰 용기가 필요하다는 것을 누구보다도 제가 가장 잘 알고 있었습니다. 이 사람이 잘되었으면 좋겠다. 하고 생각했던 그를 처음 만났을 때의 제 마음은 어디로 가버린 걸까요. 울고 싶었으나 눈물이 나오질 않았습니다. 마치 고장이 난 분수대처럼.

"돈까스 먹을래? 내가 사줄게."

저의 말에 그는 웃었습니다. 그는 잘 지내는 것을 봤으니 됐다며 자리에서 서둘러 일어섰습니다. 예전보다 밖에 나와 있는 걸 더욱 견디기 힘들어하는 것 같았습니다. "이거." 하고 그는 주머니를 주섬주섬 뒤지더니 깨끗하게 접힌 종이 하나를 꺼내주었습니다. "그냥. 내가 중졸이라 잘 모르지만 좀 봤어." 하고 건넨 종이에는 제가 예전에 써서 그에게 보여주었던 시가 적혀 있었습니다. 빼곡한 메모와 밑줄로 자신의 생각을 적고 오탈자를 빨간 펜으로 표시해둔.

안녕.

그 뒤로 그와는 다시 만날 수 없었습니다.

안녕.

안녕, 김봉철.

여러분들께 다시 한 번
정식으로 인사드리도록 하겠습니다.

안녕하세요, 김봉철입니다.

처음 쓰여진 소설

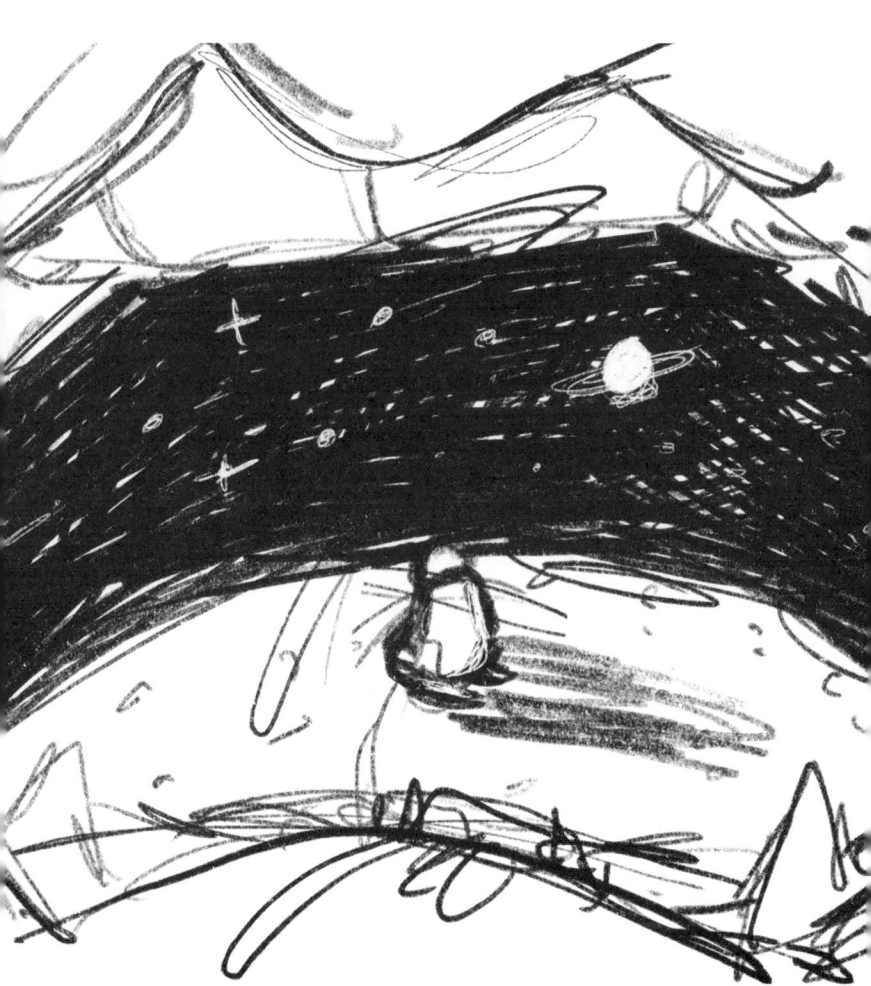

그의 부고 문자를 받은 것은 지난 8월의 어느 날 무더운 저녁이었다. 저녁으로 냉장고에 있는 반찬으로 대충 끼니를 때울지 아니면 배달 음식을 시켜 먹을지 고민하며 핸드폰을 들여다보다 메시지가 하나 도착했다. 발인 날짜와 병원의 이름이 적힌 내용을 읽었을 때는 한때 알았던 한 사람이 떠나갔다는 슬픔보다는 오히려 담담함이 앞섰다. 그저 올 것이 왔구나 하는 생각뿐이었다.

서둘러 검은 정장을 찾으려 옷장을 뒤지다 이내 그만두었다. 찾아가 나를 뭐라고 소개해야 할지 모르겠고 아무도 찾아오지 않을 것 같은 곳에 혼자 덩그러니 놓여져 있을 그 어색함을 견디기 힘들 것 같았기 때문이다. 전자담배를 입에 물고 연기를 들이마셨다가 내뿜었다. 눈앞에 펼쳐진 뿌연 연기들이 마치 그에 대한 상념인 것마냥 손으로 휘휘 저어 흩어버리다 불쑥 눈물이 날 것만 같았다. 손에 쥐어지지 않는 연기들이지만 어떻게든 휘어잡아 그의 진짜 이야기들을 전하기로 했다.

"그 뭐야. 인생은 멀리서 보면 희극인데 가까이서 보면 비극이라는 말이 있잖아요."

"네. 찰리 채플린이었나?"

"그래서 전 그렇게 생각했어요. 그럼 제 인생도 멀리

서 보면 희극이지 않을까요? 멀리서 보면 이렇게 웃기고 즐거운데 굳이 가까이서 들여다봐서 슬퍼질 필요가 있을까요?"

그렇게 말하며 그는 웃었다. 나는 그 모양이 너무나도 슬퍼 보여서 계속 그를 멀리서만 지켜봐야겠다는 다짐을 했다.

그를 처음 알게 된 건 출판사 편집자로 일하고 있던 내가, 재밌는 글이 없나 인터넷을 뒤지다 발견한 한 블로그에서였다. 자신을 '30대 백수 쓰레기'라고 소개하고 있는 그는 우스꽝스럽기만 한 일상을 블로그에 올리고 있었다. 피식대며 읽다가 간혹 마음을 아프게 하는 쓸쓸한 글들도 있었다. 직업의 특성상 책을 낸다면 어떤 방식으로 편집할 수 있을까. 이 이야기들을 어떤 모양새로 세상에 선보일 수는 있을까 고민해 봤지만 일반적인 책의 형태로 나오기에는 좀 어려울 것 같았다. 그에게 답글을 달았다.

"안녕하세요. 파주에 있는 출판사에서 편집자로 일하고 있는 서서희라고 합니다. 쓰신 글들 보고 연락드립니다."

"안녕하세요!" 이내 답글이 달렸다. 다른 이들이 댓글을 달아도 답글을 잘 달지 않던 그가 출판사 편집자라고 하니 빨라진 답글의 속도에서 뭔가 내심 기대하는 눈치도 조금 보였다.

"글을 잘 쓰시고 재밌게 쓰시네요. 혹시 독립 출판이라는 게 있는데 저랑 같이 해보시는 건 어떨까요? 생각 있으시면 연락 부탁드립니다."

다시 바로 답글이 달렸다. "예, 하고 싶습니다!"

아무런 욕망도 없는 듯 달관하는 자세로 자신의 일상을 가감 없이 늘어놓던 그가 슬쩍 그의 욕심을 보인 것에 나는 조금 흥미를 느꼈다. 그러면서도 한편으로는 그가 그 욕망에 잡아먹혀 버리지는 않을까, 그를 조금 더 날 것의 것으로 두어야 하는 게 아닌가 하는 생각도 들었지만 그것은 어디까지나 본인의 몫일 뿐이었다.

"예. 흔쾌히 답변 주셔서 감사합니다. 그럼 제가 조금 더 알아보고 연락드릴게요!"

사무실에서 일하며 틈틈이 그의 블로그 글들을 긁어모았다. 맞춤법도 문맥도 잘 맞지 않은 채로 두서없이 늘어선 글들을 보니 한숨이 먼저 새어 나왔지만 우리 출판사에서 내는 책이 아니라는 생각에 부담이 적었던 것은 사실이다. 편집장님과 대표님을 설득할 자신이 없었다. 그렇지만 살아 있는 것, 생동감 있는 활력이 그의 글들에는 묻어 있었고 모니터를 들여다보며 간간이 킥킥대며 웃기도 했지만 지나가는 이들이 뭘 그렇게 재밌게 봐? 뭐 괜찮은 글 있어? 하고 물을 때면 알트 탭을 눌러 서둘러 숨길 수밖에는 없었다.

팥에 귀신 쫓는 성분 있다는 거 진짜인가요?

어느 날 팥빙수가 너무 먹고 싶은데 돈이 없어서 퇴근한 엄마한테 부탁해서 팥빙수 먹고 싶다고 함. 넌 참 먹고 싶은 것도 많다 하고 한숨 쉬셨지만 결국 시켜주심. 집에 식탁도 없어서 앉은뱅이 상에다 놓고 티비로 여섯 시 내 고향 보면서 엄마랑 같이 먹음. 난 여섯 시 내 고향 싫어해서 엄마가 틀어도 기침 쿨럭쿨럭하면서 리모콘으로 몰래 딴 데로 돌리는데 이 정도는 해드려야 함. 나도 효도라는 것을 할 때는 한다. 근데 막 팥 농사짓는 농가 나왔는데 리포터가 "예전에는 팥에 귀신을 쫓는 효능이 있다고도 했습니다~~." 뭐 이런 말 하니깐 갑자기 엄마가 숟가락을 입에 무시고 곰곰이 생각하는 척하더니 슬그머니 팥을 내 쪽으로 조금씩 밀어두면서 나를 곁눈질로 지긋이 바라보심..

엄마는 나를 대체 뭐로 생각하시는 걸까? 이럴 줄 알았으면 망고 빙수로 시켜 달라구 하는 건뎅..

편집을 위해 그의 글에 손을 대면 댈수록, 정식으로 출간되기는 어려울 것 같다는 느낌이 들었다. 어휘와 문장의 날아갈 것 같은 가벼움이야 둘째치고라도 이런 글들을 이해하는 사람은 많지 않을 것 같았다. 30대 중반의 무직 남성이라는 끔찍함. 달라지지 않을 것 같은 미래. 꿈꾸는 희망마저도 저렴한 그의 이야기들과 마음에 채워지지 않는 공허들. 깊이 들여다볼수록 서둘러 헤어 나오고만 싶은 그의 현실. 나와 비슷한 또래였지만 이렇게 생각 없이 사는 사람이 있을까 하는 생각이 들었다. 우리 나이 정도 되면 이제 어느덧 세상에 자리를 잡았어야 한다. 기대되는 위치라는 것이 있다. 자가는 무리여도 전세 정도는 살고 있어야 하고 중형차를 가져야 한다. 직장 동료나 친구들과 사담을 나눌 때면 부동산이나 주식에 대한 어렴풋한 지식을, 이야기에 무리 없이 녹아들 수 있을 정도는 가지고 있어야 한다.

그에게는 그러한 것들이 아무것도 없었다. 이러한 사람을 살아 있다고 할 수 있는 걸까? 그럼에도 불구하고 그의 글들은 마음을 끄는 문장들이 있었다. 이를테면 사회 초년생 시절 내가 겪었던 일들과 그로부터 생겨났던 생각 같은 것. 직장에 후배가 처음 들어왔을 때 내 선배는 나를 불러내었다. "잡아먹히지 않게 조심해." 나는 사람과 사람 사이의 일은 사실상 잡아먹고 잡아먹히는 관계라는 것을 그때 처음으로 문장으로 들었다. 물론 어렴풋이 알고는 있었다. 아무것도 모르는 순진한 아이였던 것만 같은 유년과 학창 시절에도, 대학에 들어가서도. 사람들은 남몰래 서로를 잡아먹고 잡아먹히며 그 관계의 서열들을 정립했다. 사회에 나와 내가 잡아먹히지 않게 누군가를 잡아먹어야만 했던 날들.

출근을 위해 지하철역 안을 걷고 있을 때면 항상 조금이라도 늦춰지거나 뒤처지면 안 된다는 생각에 조바심을 느꼈다. 인파로 가득한 지하철 안에서 종종 나는 나를 지키는 일에 대해 생각했다. 사람들은 출근 시간에 늦지 않기 위해 이미 가득 찬 지하철에 어떻게든 몸을 들이밀었고 나는 어떻게든 내 몸을 구겨가며 그들이 들어올 수 있도록 했다. 그러다 깨달았다. 양보를 한 나만 어깨를 좁혀서 가고 다른 이들은 당당하게 어깨를 펴고 자신의 자리를 차지하고 있다는 것을. 다음 날부터 나는 발을 땅에 붙이고 배에 힘을 가득 줘 어깨를 편 채로 나를 지키기로 했다. 누구도 내 자리를 넘어서거나 침범할 수 없도록. 입가에 의기양양한 미소를 띠고 있을 때 문득 중년의 한 여성이 눈에 들어왔다. 누구도 자기 자신을 좁혀주지 않아 지하철을 타지 못해 문밖에서 발을 동동 구르고만 있던 그녀의 서글프고 당황한 표정.

나를 지킨다는 것은 대체 뭘까.

그는 왜 스스로를 지키지 않는 걸까.

지킨다기보다는 그는 남들이 그를 잡아먹도록 두고 있는 것만 같았다. 식당에서 반찬을 더 달라는 말도, 햄버거 집에서 메뉴의 이름도 쑥스러워 말하지 못하는 그를 보며 예전에 가졌던, 세상이 아름답다거나 세상을 아름답게 만들겠다는, 지금 생각해 보면 낯부끄러운 다짐과 열의들로 살아가던 시절의 나를 떠올리게 했다.

'해와 달의 경계에 들어가고 싶어요. 낮이 밤이 되고 밤이 낮이 되는 일은 예보에 나오는 일출과 일몰의 시간과는 다른 것 같아요. 언제나 삶과 죽음의 경계에 서 있고만 싶었어요. 살아 있는 사람이고 싶지도 않았고 그렇다고 죽고 싶지도 않았으니까요. 어떻게든 그 위를 아슬아슬하게 걸어가다 보면, 제가 깨닫지 못한 뭔가가 보일 거라고 생각했어요. 그 경계에 있다 보면, 보이지 않는 것들을 볼 수 있을 거라고 생각했어요.'

하는 추상적이고 의미 없는 글들을 솎아내고 그나마 읽힐 만한 글들을 모아 챕터를 구성한 뒤 그에게 연락했다.

"봉철 님, 혹시 통화 가능하신가요?"

"아니요, 제가 말을 잘 못해서. 괜찮으시면 카톡으로 이야기 나눌 수 있을까요?"

"아, 예, 그래요. 있죠. 제가 봉철 님 글을 나름대로 편집해 봤어요. 일단은 가족에 대한 이야기가 많으니깐 엄마, 아버지, 잡문, 행복, 이런 식으로 챕터를 나눠서 구성해서 목차를 나눠봤는데 한번 봐주실래요?"

"예 한번 살펴보겠습니다. 감사합니다. 저 같은 게 뭐라고. 죄송합니다."

사족처럼 붙이는 그의 죄송합니다 하는 말은 아무리 그러지 말라고 해도 도무지 고쳐질 기미가 보이지 않아 내가 포기하는 것이 빨랐다. 처음에는 "뭐가 그렇게 죄송한데요." 하고 웃으며 말해도 계속 반복되자 그냥 하나의 습관처럼 여기기로 했다. 회사에서 거래하는 인쇄소에 슬며시 편집한 그의 글로 견적을 문의했었다. "1000부 뽑으시면 이 금액이구요. 2000부 뽑으시면 이 정도 금액이 들 거예요."라는 말에 그는 답변이 없었다. 금액이 무리인가 싶어 서둘러 덧붙였다. "인쇄비가 힘드시면 제가 절반 정도는 부담할 수 있어요. 저는 무엇보다도 봉철 님 글이 좋고 책으로 나왔으면 좋겠다고 생각하고 있으니까요. 대신 수익이 난다면 분배는 해야

겠죠."라는 말에도 그는 대답이 없었다. 절반도 무리인 것인가, 하고 그의 경제 사정을 과신했던 게 아닌가 하는 찰나에 그에게서 답변이 돌아왔다.

"근데 죄송한데요. 이거 제가 혼자서 해보고 싶어요. 제안 주시고 편집까지 해주셔서 정말 감사하지만 제가 어떻게든 혼자서 해보고 싶어요."

제법인데? 하는 생각이 들었다. 웬일인지 그의 말에 습관적으로 덧붙이던 죄송합니다가 빠져 있었다. 그간 왠지 그가 혼자 할 것 같다는 느낌을 종종 받기는 했었다. 자신을 어리숙하게 포장하고는 있지만 간간이 그 행간에서 느껴지는 뜻 모를 총기 같은 것들이나 오랫동안 혼자서 지내 온 그의 성향상 남들과 뭔가를 같이 하는 일에 부담을 느낄 수도 있는 생각에서였다.

"그래요 그럼. 저는 봉철 님 책 꼭 읽고 싶으니깐 기대할게요. 어려운 것 있으시면 언제든지 연락주시구요!"

"예. 제안 주셨는데 죄송합니다."

얼마 뒤 그의 책이 독립 출판으로 출간된 것을 보았

다. 제법인데? 나는 다시 생각했다. 그러니깐 이 김봉철이란 인물에게 독립 출판이라는 것을, 출판 세계의 일부를 소개한 것은 나다. 세상 밖으로 나가지 못한 채로 방 안에서 한껏 움츠리고 있기만 하던 그가, 자신과 자신의 내면의 추악한 이면들을 기이한 아름다움으로 그려 내던 그를, 세상 밖으로 한 걸음 내딛는 길을 알려준 사람이 있다면 그게 바로 나라고 할 수 있다.

그리고 그런 그의 부고 문자를 받았다.

언제부터였을까, 그에 대한 관심이 옅어졌던 것은. SNS를 통해 이런저런 소식들을 꾸준히 팔로우하기는 했었다. 독립 출판을 하고 마켓에 나가고 출판사를 통해 책을 내고 TV나 신문 지면에서 인터뷰를 하기도 했었다. 영원히 꽁꽁 싸매고 자신을 드러내지 않을 것 같던 그가 여러 매체에 얼굴을 내비쳤을 때는 다소 놀랍기도 했다. 한때의 유행이었던 메일링 구독 서비스를 하기도 하여 나도 신청을 했다. 월 만 원 정도를 내면 그가 이메일로 글을 보내주는 형식이었다. 출판사 편집자로 일하면서, 재능이 있다고 믿어지던 이들이 여러 가지 사유들로 인해, 이를테면 한때의 반짝이는 치기였던가. 가짜를 진짜라고 믿었던가. 진짜가 더 이상 진짜가 아니게 되었던가. 나태와 방종을 예술가의 특권이라

믿고 하염없이 타락해 버렸던가 하는 이유들로 사라지는 이들을 많이 보았다. 어느덧 독립 출판에서 김봉철의 이름도 들려오지 않기 시작할 때쯤, 나는 그의 메일링 서비스를 구독하는 것을 그만두었다. 너도 끝이구나 이제.

메일함을 열어 그의 메일들이 오던 폴더에 오래간만에 들어가 보았다. 읽지 않은 메일들이 가득했다. 몇 개를 열어보니 놀라운 점이 있었다. 다수를 향한 메일링 서비스라고 생각했던 메일들이 전부 나를 수신인으로 쓰여 있었다. 어쩌면 구독자가 나 한 명뿐이었는지도 모른다. 워낙 외로운 사람이었으니까. 나에게만 하고 싶었던 특별한 이야기가 있었을 수도. 그러나 나는 왠지 그가 나와도 별다른 친분이 없지만, 나 말고는 이야기를 나눌 만한 사람이 없었을 것 같다는 생각이 들었다. 나는 천천히, 그 메일들을 하나둘 읽어보기로 했다.

서서희 편집자님께

부끄러운 질문입니다만 친하다는건 대체 뭔가요? 하나의 현상인가요? 어떠한 상태인가요? 일시적인 착각일까요? 착각 속에 유지되는 열망인가요? 제가 이해할 수 있는 영역의 것일까요? 세상에는 왜 이렇게 제가 알 수 없는 일들이 많죠?

속마음을 드러낸다는 것은 또 어떤 의미입니까? 사람들은 친한 사람들과 그 속내를 털어놓고 이야기를 한다고 하는데 그것이 이 세상에서 실제로 일어나고는 하는 일인가요? 가만히 저의 내면을 들여다보았습니다. 아무것도 남아있지 않는 황량함에 이내 부끄러워졌지만 그래도 털어놓을 만한 것들을 찾아봤습니다. 어느 것 하나 쉽게 세상에 내놓을 수 없는 것들이더군요. 이를테면 누구에게도 들키고 싶지 않은 저의 추악한 속내. 닿을 수 없는 희망과 아름다움에 대한 추구, 삶에 대한 의지와 열망 같은 것들. 남들에게 들키고 마느니 차라리 죽음을 선택하는 쪽이 나은 것들이었습니다.

단 한 번도 세상과 친분을 쌓아본 적이 없는 저 같은 사람도 세상에 존재해도 되는 걸까요? 다른 이들은 저

의 가난과 추악한 용모를 제가 부끄러워하리라 생각할
테지만 아닙니다. 제가 정말로 부끄럽게 생각하는 것은
단 한 번도 누군가와 친해져 본 일이 없다는 것입니다.

가난보다 부끄러운 것은 외로움입니다.
외로움보다 더 치욕스러운 것은
다른 이들이 제가 외롭다는 것을 알아채는 것일 겁니
다.

—

어제는 죽을 작정이었습니다. 딱히 다른 할 일이 없었기도 했고 또 내일을 살아갈 용기가 나질 않았어요. 저는 되돌릴 수 없는 끔찍한 실수를 저질렀습니다. 용서받을 수 있을까요. 구원받을 수 있을까요. 저에게도 과연 그런 것이 남아 있을까요. 허락되어질까요.

이래서는 안 될 것 같다는 생각에 교회에 다녀보기로 했습니다. 일요일만을 꾹 참고 기다렸어요. 집에 있는 성경책을 집어 들었습니다. 성경의 통독은 창세기의 첫 장을 넘어가 본 일이 없으니 아마도 제 삶은 그리하여 시작되지 않았던 것은 아니었을까요? 3주 정도를 꾹 참고 교회에 나가 예배를 드렸습니다. 기도를 할 때면 저의 실수를 돌이켜 달라고 빌었습니다. 그러다 예배 마지막 시간쯤에 어린아이들이 선생님의 손을 붙잡고 들어오더군요. 뭔가 하고 가만 지켜보았습니다. 아마도 합창 같은 것을 준비한 모양이었습니다. 무대에 서서 잔뜩 들떠 있는 아이들의 표정이 보였으나 별다른 흥미는 들지 않았습니다. 그러다 어느 한 곳에 시선이 머물렀습니다. 다들 중년의 여성 선생님들의 손을 붙잡고 들어왔는데 그중 한 명, 젊은 선생님이 계시더군요. 저도 모르게 바라보다 문득, 시선을 느낀 그녀가 저를 바라보아 눈이 마주쳤습니다. 순식간에 고개를 돌려 눈을 피했죠.

그 순간에 느낀 절망에 대해 선생님은 아실까요? 살고 싶어 찾아온 교회에서도 나라는 놈은 젊고 예쁜 여자를 바라보고 있구나. 돌이키고 싶었습니다. 저의 절망은 그렇게 가벼운 것이 아니었으니까요. 이런 일로 신께 오해받고 싶지는 않았습니다. 고개를 푹 숙이며 골몰하여 다른 방안을 생각해 내었습니다. 단상 위에서는 아이들 예닐곱 명과 선생님 다섯 명이 서서 찬송을 부르고 있었습니다. 저는 왼쪽부터 차례로, 한 명씩 2초간 바라보기로 했습니다. 눈이 마주쳤던 그녀가 자신을 쳐다본 것이라는 오해를, 실제로는 오해가 아니지만 풀수 있도록요.

용기를 내서 제일 왼쪽부터 한 명씩 바라보기 시작했습니다. 마음속으로 하나, 둘 하고 숫자를 셌습니다. 그러다 결국 그녀의 차례가 왔습니다. 이제 됐다, 여기만 무사히 넘긴다면 나는 다시 속죄하는 어린양의 길을 걸을 수 있다고 생각했죠. 그렇게 그녀를 바라보고 속으로 하나, 둘까지 세는데 다시 그녀와 눈이 마주쳤습니다. 이쯤 돼서는 정말 주님도 너무하시다는 생각이 들더군요.

그대로 있을 수 없어 자리에서 일어나 도망치듯 예배당 문을 나섰습니다. 난 정말 쓰레기다. 매일 죽고 싶다는 생각을 하다 살기 위해 찾아간 교회에서도 나는 예쁜 여자만 쳐다보고 있구나, 이래서 구원 같은 것을 바랄 염치가 있나, 하고 괴로워하며 집으로 돌아오는 길 문득 성경에서의 한 에피소드가 떠올랐습니다.

　예수님이 로마 병사에게 잡혀가기 전날 밤 새벽, 제자 베드로에게 말씀하십니다. "너는 닭이 세 번 울기 전 나를 세 번 배신할 것이다." 베드로는 깜짝 놀라 되묻죠. "아니 선생님. 그게 대체 무슨 말씀이십니까. 저 베드로 그런 사람 아닙니다. 선생님에 대한 신실한 신앙을 어찌 그리 믿지 못하신단 말입니까. 어려서부터 신의와 성실 하나로는 오래도록 정평이 나 있는 사람입니다. 천만금, 억만금을 차용증 하나 없이도 빌려줄 수 있는 사람이라는 소리를 들으며 살아왔습니다. 주여, 어찌 저를 믿지 못하시나이까." 하는 말에 주님은 아무 대답 없이 빙긋, 웃음을 지어 보일 뿐이었습니다. 그날 새벽, 첫 닭이 정확히 세 번 울기 전, 그를 아느냐는 로마 병사의 질문에 "저는 그런 사람 모릅니다." 하고 베드로는 세 번 고개를 가로 저었습니다. 이윽고 주님을 찾아낸 로마 병사가 그를 포승줄에 묶어 끌고 갈 때 그는 고개를 들고 베드로를 보며 씨익 웃으며 중얼거리지는 않았을까요? 거봐, 내 말이 맞지?

　이쯤 되면 베드로에게도, 자신이 따르던 지도자를 세 번이나 배신해 버린 파렴치한에게도 억울한 마음은 있습니다. 아니 그럴 줄 알았으면 진작 그러지 말라고 말씀을 해 주셨으면 되는 일 아닐까요? 저도 사람입니다. 주님의 제자로서 갖은 고난을 다 겪어왔습니다만 이 한 번의, 아니 세 번의 실수로 저를 이렇게 깎아내리셔도 되는 건가요? 그렇다면 선생님을 따라다니며 그간 들었던 제 수발의 고통은 아무 의미 없는 것이 되는 걸까요? 분명 베드로도, 그 나름의 억울함은 있었을 것입니다만 사실 그런 것은 중요하지 않죠. 어쩌면 스스로의 자비와 자애로움을 강조하기 위해 그의 배신을 예지하였음에도 모른 척하였는지도 모르는 일이었다면 지나친 억측일까요.

　저는 고개를 돌려 상가 유리창에 비친 제 모습을 보며 다시 속으로 되뇌어 보았습니다. 하나, 둘. 이 모든 것이 인간의 일이라면. 인간이기 때문에 억울함과 비통함과 고통과 배신 속에서 살아가야 하는 것이라면. 저는 더 이상 인간이고 싶지 않았습니다.

　아멘. 어제 차마 드리지 못한 기도를 드립니다.

—

태어나서 처음 글을 쓴 것은 네 살 때였습니다. 이것은 구전으로 전해져 내려오는 이야기입니다. 부엌에서 일을 하시는 어머니께 네 살 때의 제가 뭔가가 적힌 종이를 하나 들고 왔다고 하시더군요. 들여다보니 제 이름이 삐뚤빼뚤하게 써 있었습니다. 형이 글을 쓰는 걸 보고 알려 달라고 해서 썼다고 합니다.

중학교 1학년 담임은 체육 선생님이었습니다. 어느날 저를 체육실로 불렀습니다. 책상 위에는 숫자가 가득 적힌 종이가 한 장 놓여 있었습니다. 반 아이들의 지능 지수가 적힌 종이였습니다. 담임이 제 이름을 가리키며 말했습니다. 너는 이렇게 머리가 좋은데 왜 공부를 못하냐? 좀 더 노력해 봐라. 예, 하고 얼떨떨해하며 체육실을 나서는데 문에 반장이 서 있었습니다. 입가에는 비릿한 웃음이 실려 있었습니다.

다음 날부터 아이들이 저를 괴롭히는 이유가 하나 더 추가되었습니다. 너는 머리가 이렇게 좋은데 왜 공부를 못하냐? 내가 니 머리였으면 벌써 전교 1등 했겠다. 소문은 학원에도 퍼졌습니다. 학원 원장 선생님이 물어보시더군요. 그거 정말이야? 그럼 너 여기 이렇게 있으면 안 되지. 머릿속에는 묘한 기대가 피어올랐습니다. 어쩌면 여기서 도망칠 수 있을지도 몰라. 이 지옥 같은 삶에서 벗어날 수 있을지도 몰라. 하지만 저는 내심 저는 부끄러워져서 대답했습니다.

아니요.

전부 다 거짓말이었으면 좋겠다고 생각합니다. 숨을 쉬어야 살 수 있다는 것과 숨을 쉰다고 해서 전부 살아 있는 일은 아니라는 것. 담임은 집에도 연락을 했습니다. 아버지는 신이 나서 말했죠. 내가 한 달에 10만 원씩 너에게 줄 테니 책을 사 읽던 문제집을 사던 네가 하고 싶은 걸 다 해봐라. 그 10만 원은 구경을 해본 적도 없습니다. 그보다 제가 받은 것은 성적이 그의 마음에 들게 나오지 않을 때마다 늘어난 매질이었죠.

최초의 부끄러워했던 기억은, 다녔던 유치원에서 명절 때 선생님께 나가서 선물을 하나씩 받아오는 시간이 있었습니다. 아이들이 차례로 나가고 선생님 볼에 뽀뽀를 하고 선물을 받아왔습니다. 저는 힘내서 나갔지만 차마 뽀뽀를 할 수는 없었습니다. 이것이 어찌 보면 제 삶에서, 이성과 할 수 있는 유일한 스킨십이었을지도 모릅니다만 저는 그저 울어 보였습니다.

일하시던 어머니께서 저를 데리러 오실 때까지 저는 종종 유치원에 홀로 남아 기다리고는 했습니다. 다섯 살 때부터 여섯 살 때까지 유치원에 다녔는데 저는 그때 이미 글을 읽고 쓸 줄 알았습니다. 이때쯤 혼자 최초로 과학 실험을 했습니다. 유치원에서 책을 읽는데 불이 있기 위해서는 빛과 탈 물질과 산소가 필요하다고 적혀 있더군요. 창문 틈으로 햇빛이 들어오는 곳 바닥에 레고 블록을 놓고 멀찍이서 조용히 기다렸습니다만 불은 나지 않았습니다. 불이 날 만큼의 온도가 되지 않았기 때문이지만 그때는 누구에게도 물어보진 못하고 혼자 의아해했습니다. 혼자 어머니를 기다리고 있는데 유치원 선생님께서 오시더니 뭐 좀 마실래? 하고 물으시더군요. 저는 차마 대답하지 못하고 가만 있었습니다. 선생님께서는 찬장에서 분유통 같은 것을 꺼내어 물에 타 주셨습니다. 그때는 몰랐지만 지금 생각해 보면 아마도 가루 우유 같은 것이었겠지요. 선생님은 자리를 비우셨고 저는 고민에 빠졌습니다. 눈앞에 놓인 이 음료의 정체는 무엇인가. 정말로 분유인가. 분유를 먹을 나이는 지나지 않았는가. 선생님은 나를 아직 아가로 보는 걸까. 나는 이미 어엿한 유아인데도. 따뜻하고 하얀 음료에서 달콤하고 고소한 냄새가 피어올랐습니다만 저는 차마 그 음료를 마시지 못했습니다. 시간이 한참 지난 뒤 저는 이윽고 그 음료를 맛볼 용기가 생겼습니다만 혹시라도 제가 컵을 들어 음료를 마실 때 선생님이 들어오셔서 제가 그 음료를 마신다는 것을 들켜 버릴까 봐 부끄러워 마시질 못했습니다. 저는 운이 없는 편이라는 것을 어렸을 때부터 알았거든요. 그래서 새끼손가락으로만 살짝 찍어서 맛을 보았습니다.

비밀의 맛이라는 것은 참 달콤했습니다.

천성이라는 것이 존재하는 걸까요? 저는 제가 태어나던 순간을 기억합니다. 갑자기 눈앞이 환해지더니 그것이 빛이라는 것을 저는 깨달았죠. 녹색 가운과 두건을 입은 사람들이 늘어서 있었습니다. 저는 울어야 한다는 것을 알았지만 낯선 사람들 앞에서 그럴 용기가 나질 않아 그저 입을 꾹 다물고 있었습니다. 사람들이 놀란 듯 수군거리기 시작하더군요. 이윽고 제 발목을 붙잡고 거꾸로 들고선 손바닥으로 엉덩이를 내리쳤습니다. 아팠지만 그 정도의 통증으로는 제 수줍음을 이겨낼 수는 없었습니다. 결국 몇 차례 더 제 엉덩이가 가격당하고 나서 저는 어쩔 수 없다는 걸 깨닫고 세상에서의 최초의 한마디를 내뱉게 됩니다.

"응..(애(애는 묵음))"

저는 4.3kg의 우량아로 태어났습니다. 어쩌면 고도의 비만은 이때부터 예견되어져 있던 일인지 모르겠습니다. 천성이라는 것이 존재하는 걸까요. 제가 울기 직전까지 제 발목을 잡고 거꾸로 들고 있던 이의 표정이 조금씩 힘들어 보였던 건 제가 울음을 내뱉기까지의 결심을 조금 더 앞당겨주었습니다. 타인의 고통을 잘 견뎌내지 못하는 편이니까요. 열 살 무렵엔 이미 40키로를 넘어섰습니다. 배가 불룩하게 나왔죠. 어느 날 가족들이 모여 저녁을 먹는데 갑자기 숟가락이 날아왔습니다. 아버지였죠. 왜 너는 살찌는 반찬만 먹느냐. 니 배를 좀 봐라. 제가 좋아하던 반찬은 마카로니와 야채와 과일을 마요네즈에 버무려 만든 사라다였습니다. 저는 먹는 것을 멈추고 울었습니다. 뭘 먹어야 살이 찌지 않을지 몰랐고 빨리 그 순간이 지나가기만을 바랐습니다. 그만 먹겠다고 하자 반항하는 거냐, 빨리 처먹으라며 화를 내더군요. 밥을 숟가락으로 크게 퍼서 입 안에 욱여넣고 빠르게 씹었죠. 목이 메이고 구역질이 올라왔습니다. 끅끅대며 눈물이 나왔죠. 다시 불호령이 떨어졌습니다.

"엎드려."

처음으로 아버지의 학대에 가까운 훈육이 시작된 것

은 초등학교 1학년 때였습니다. 산에서 깎아온 나무 몽둥이. 지름은 파스타 1인분 정도에 길이는 1미터 정도였습니다. 주말마다 이른바 '평가'라는 것을 시행하기로 했습니다. 형과 저를 세워두고 물었습니다. 이번 한 주를 착하게 살았는지 아닌지 스스로 평가해 봐라. 저는 착하게 살았다고 말했습니다.

-그래? 그럼 뭘 그렇게 착하게 살았는데?
-모르겠어요.
-그럼 착하게 산 게 아니네. 엎드려.

엉덩이에 매질이 시작됐습니다. 긴 멍자국들이 생겼습니다. 가운데는 파랗고 그 주위는 붉게 번졌습니다. 감당할 수 없는 고통이었습니다. 이 '평가'라는 것은 매주 반복되었고 때때로 제가 뭔가를 잘못할 때마다 엉덩이는 멍자국이 생겼죠. 저는 울고 또 울었습니다. 울면 또 운다고 맞았기에 저는 눈물을 참으려고 노력했습니다. 한때는 제 눈물이 제가 살아 있다는 것을 증명해 주기도 했으나 더 이상 우는 일에는 아무 의미가 없다는 것을 깨닫기엔 이른 나이였습니다. 처음으로 죽음을 생각한 것은 초등학교 3학년 때였습니다. 당시 복도식 아파트 3층에 살았었는데 방 안에서 불을 켜두지도 않은 채로 쭈그려 앉아 생각했습니다. 이대로 문을 열고 복도에서 뛰어내리면 나는 죽겠지. 이 모든 불안과 고통들이 끝이 나겠지. 그럼 자유로워질 수 있을까? 가출을 생각하기도 했습니다. 저금통의 잔고를 세어 보고 이걸로 며칠을 버틸 수 있을까 고민해 보기도 했죠. 그러지 못한 것은 저의 죽음으로 슬퍼할 어머니에 대한 생각이었습니다. 하지만 지금 생각해 보면 그때 그렇게 했어야 한다고 생각합니다. 세상은 결국 저의 엉덩이를 때려, 제가 울기를 바라는 곳이 아니었으니까요.

괴롭힘이 시작된 것은 중학교 때부터였습니다. 초등학교 때도 사람과 어울리는 법을 몰라 친구가 있었다고는 할 수 없지만 중학교에 들어가서 본격적인 폭력에 시달리게 되었습니다. 몸에 가래침을 뱉거나 책상을 숨기거나 교과서를 찢었습니다. 저는 주로 팔뚝을 맞았는데 하루도 멍이 없는 날이 없었습니다. 그리하여 팔뚝에는 같은 반 아이들로부터 맞은 멍이, 엉덩이에는 집에서 아버지로부터 맞은 멍자국이 있었죠. 둘 다 가운데는 파랗고 가장자리로 갈수록 빨갛게 되었습니다. 한때 다니던 정신과 의사 선생님께 이 이야기를 했더니 그러시더군요. 집에서도 학교에서도 기댈 곳이 없었네요, 봉철 님은.

간혹 이런 생각을 합니다. 어째서 대응하지 못했는

가. 얼마 전 취업을 하고, 출근하러 길을 나섰습니다. 이제는 저도 성격을 바꿔봐야겠다. 밝고 외향적인 인간으로 살아가야겠다는 생각을 했습니다. 새벽 다섯 시쯤 출근을 하기에 세상은 아직 푸르스름했습니다. 귀에 꽂은 이어폰에서는 제가 좋아하는 노래가 흘러나오고 있었죠. 저는 조금 용기를 내서, 아무도 없다면 이 정도쯤은 저를 표현해도 좋지 않을까 하는 마음으로 흥을 내보기로 했습니다. 공연 영상들에서 본 것처럼 오른손을 편 채로 어깨높이까지 들어 조금씩 위아래로 흔들며 박자를 맞추어 보았습니다. 신이 나더군요. 이른 새벽이라 아무도 보지 않기에 가능한 일이었습니다만 그것은 제 크나큰 오산이었습니다. 갑자기 멀리서 제 손짓을 보고 택시 한 대가 와서 제 앞에 서더군요. 자신을 부른 줄로 알았던 것 같습니다. 어디까지 가세요? 하는 기사님의 물음에 차마 아니라는 말을 하지 못했습니다. 새벽에 마지막 손님으로 저를 태웠을 수도 있고, 또 첫 출근일 수도 있는데 제가 아니라고 하면 실망할 것이 걱정됐기 때문입니다. 그렇게 예정에 없던 택시를 타고 출근하는 길, 저는 뒷좌석에 앉아 제 바보 같은 오른손을 내려다보며 원망했습니다.

'아무리 신이 난다고 해도 밖에서는 역시 크게 움직이는 것이 아니었어.'

제가 썼던 글에는 어머니에 대한 이야기가 많습니다. 요새 들어 깨달은 건 어머니도 저를 똑같이 때리셨다는 겁니다. 아버지가 산에서 직접 잘라 와 다듬은 몽둥이로. 그 훈육이 끝났던 건 아마도 초등학교 4학년 때쯤 되었을 거예요. 어느 날 형이, 어머니가 때리려던 몽둥이를 손으로 잡고 막아섰습니다. 저는 그때 너무 놀랐어요. 저래도 되나? 어머니도 많이 놀라셨던 것 같아요. 그 이후로도 몇 번, 형은 어머니가 때리시려는 몽둥이를 잡고 막아섰어요. 그 이후로 어머니는 매를 들지 않으셨습니다.

근데 우스운 건 뭔지 아세요? 수십 년이 지난 지금도 간간이 그때를 떠올리면 저는 형이 나쁘다고 생각했다는 점이에요. 어떻게 엄마를 막을 수 있지? 어떻게 엄마가 우리를 때리는 걸 막을 수 있지? 그럼 엄마가 받을 상처는? 어리석은 생각이었죠. 저를 조금이나마 폭력에서 벗어나게 해주었던 건 그때 용기를 내서 매를 막았던 형이었는데도요. 이걸 깨닫기까지 수십 년이 걸렸어요. 그리고 저는 마음이 오히려 편안해졌습니다. 아 나는 정말 바보같이 태어났구나. 모든 것을 포기하고 체념할 수 있었습니다.

어떻게 대응하지 못했냐는 말에는, 저는 뭐라 해야 할지 모르겠습니다. 그냥 제가 바보 같고 어리석다고 하셔도 딱히 할 말은 없습니다.

—

열 살쯤 됐을까요. 아버지는 저녁에 형과 저를 앉혀 놓고 이야기합니다. 너희 둘 중에 가능성이 있는 한 명만 대학에 보내주겠다. 안 될 놈은 대학이고 뭐고 빨리 공장에 보내서 일이나 시키겠다구요. 저는 대학이 뭔지 공장에 다니는 게 뭔지도 모르던 시기였지만 왠지 제가 대학에 가는 쪽이 되어야겠다고 생각했어요. 그때부터 저는 대학에 가기 위해, 아버지 마음에 들기 위해 노력합니다. 한동안은 그 노력이 빛을 보여, 아버지께서는 저를 좋아하는 것 같았습니다. 그러다 사건은 발생합니다. 아버지께서 퇴근 후 집이 어질러져 있으면 이거 누가 그랬어? 당장 안 치워? 하고 말씀하셨는데 저는 나서서 솔선수범하는 모습을 보여야겠다는 생각에 서둘러 잽싸게 치웠습니다. 책이나 장난감 같은 것들, 아이들이 흔하게 집 안에 어지럽혀 놓을 수 있는 것들을요. 이런 일들이 며칠 반복되자 아버지께서는 저를 보고 말씀하시더군요.

"엎드려. 넌 안 될 새끼다."

그간의 저의 노력들. 잘 보이려는 시도들. 대학에 가고 싶다는 열망… 같은 것은 없었지만 착한 아이이고 싶었던, 아버지에게 사랑받고 싶었던 저의 열망들이 사라져 버렸습니다. 전부 제가 어지럽혀 났다고 생각하시더군요. 그날 저는 아니라고 울고불고하며 빌었지만 이미 마음은 정해져 있는 상태였습니다. 다시 엉덩이에 피어난 푸른 선, 이를 둘러싼 붉은 진실들. 그 이후로 저는 억울한 마음에 집이 아무리 어지럽혀져 있어도 치우지 않았습니다. 아무도 치우지 않자 아버지는 또 저를 보고, 이제는 어지럽혀 놓고 치우지도 않는구나? 하고 다시 말씀하셨습니다.

"엎드려."

저기요, 이제야 다시 말씀드리지만 제가 안 그랬어요. 정말.

혼란은, 진실과 거짓에 대한 탐구는 계속됩니다. 학원에 갔다가 집에 오는 길이었는데, 엘리베이터에 모르는 아이가 타고 있었습니다. 엘리베이터에 버튼을 전부 누르더군요. 층층마다 열리던 엘리베이터가 몇 층 내려왔을 때쯤 한 아저씨가 타서 노랗게 불이 들어와 있는 버튼을 보았습니다. "누가 그랬지?" 저는 웃으며 버튼을 누른 아이를 봤고 그 아이는 멀뚱멀뚱 표정 없이 시치미를 떼더군요. 그 아저씨는 저를 혼내기 시작했습니다. 억울했지만 별수는 없었죠. 이런 일들이 반복되고 저는 깨닫게 됩니다. 진실은, 사실과는 다른 것이다. 그 상황의 표정, 분위기, 이를테면 뉘앙스 같은 것들. 상대가 무엇을 어떻게 믿고 싶은가와 그때의 나를 어떻게 표현할 수 있는가와 같은 것들.

그렇다면 진실에는 어떤 의미가 있죠?

그런 것이 정말 존재하기는 하는 걸까요? 저는

이때부터 저를 끝없는 거짓말 속에 밀어 넣기로 합니다. 이를테면

제가 태어났다는 사실마저도요. 처음으로 목격한 밝은 빛,

발목을 잡고 나를 거꾸로 잡아챈 손길

엉덩이에 내리쳐지는 손바닥

미처 다 내뱉지 못한 울음

기이한 괴벽이 생겼습니다. 저도 모르게 고개를 오른쪽으로 돌려, 뒤편을 확인하는 버릇이 생겼습니다. 아마도 과도한 스트레스로 인한 소아의 이상 행동이었겠지요. 혼자 있을 때도 집에서 밥을 먹을 때도 책을 읽거나 TV로 만화를 볼 때도 저는 종종 무의식적으로 고개를 오른편으로 빠르게 돌리고는 했습니다. 이를 발견한 아버지는 저를 흉내내면서 조롱했죠. 이게 뭐야, 뭐 하는 짓이야, 병신이야? 너는 이게 정상이야 지금? 다시금 매를 드셨습니다. 정작 제가 확인하고 싶었던 것은 누군가 저를 뒤에서 때리지는 않을까 하는 불안이었을지도 모릅니다. 지금도 가끔 아무도 없다는 것을 알면서도 종종 고개를 돌려 뒤를 돌아봅니다.

중학교 때의 지독한 괴롭힘을 벗어나기 위해 고등학교는 집에서 다소 먼 곳으로 지원해서 가게 됩니다. 3년간 저는 누구와 아무 말도 하지 않았습니다. 독일어 문과반은 전교에서 단 한 반뿐이었기에 저는 3년간 같은 아이들과 같은 반에서 지냈습니다만 누구와도 친해질 수 없었습니다. 혹시라도 이 아이들이 또 나를 때리면 어쩌지? 혹시라도 누군가가 나를 또 괴롭히면 어쩌지? 하고 불안해할 뿐이었지요. 급식을 먹지 않았습니다. 그 나이대에 급식실까지 혼자 걸어가서 식당에서 혼자 밥을 먹어야 한다는 건 큰 용기가 필요한 일이었으며 저는 그럴 자신이 없었습니다. 외로움보다 더 괴로운 건 다른 아이들이 저의 외로움을 눈치채는 일이었으니까요. 음악실로 가서 받아야 하는 이동 수업은 가장 괴로운 시간이었습니다. 아이들과 어울릴 자신도 없으면서 아이들이 혼자 음악실로 가는 저를 보게 하는 일은 죽기보다 싫었으니까요. 가장 먼저 나가 음악실에 앉아 있거나 제일 마지막으로 가는 방법을 선택했죠. 누군가가 아무와도 어울리지 못하고 혼자 있는 저를 보는 일을 막는 것은 그 와중에서도 제가 저를 지키고자 하는 마지막 자존심이었습니다.

어느 날 같은 반 아이에게 저 새끼는 지가 특별한 줄 알아 라는 말을 들었습니다. 저는 억울했습니다. 누구보다도 평범하고 싶었고 누구의 눈에도 띄고 싶지 않았기 때문입니다. 그저 하늘에 떠다니는 구름처럼 있는 듯 없는 듯 조용하게, 언제나 유유히 흘러다니고 싶었습니다만 언제나 마음속은 낙뢰가 가득한 먹구름이었을 뿐입니다.

하는 수 없이 책을 읽기 시작했습니다. 그것 말고는 딱히 할 일이 없었기 때문입니다. 어떤 책들은 탐독하듯 읽어 내었습니다. 문장 하나하나에 몸이 타들어 가는 듯 했고 가슴속에는 알 수 없는 열망들로 가득했죠.

저는 누군가로부터 자애와 온정을 받기를 바랬습니다만 그것이 불가능하다는 것을 너무 일찍부터 깨달아 버렸기 때문에 포기했습니다. 고등학교 때 형은 잘생긴 편이었어요. 고등학교 때도 연애를 하고 인기가 많았습니다. 어렸을 때부터 성격이 활발해서 친구가 많았죠. 아마 그도 그 나름의 고통이 있었겠습니다만 그걸 외부로 표출해 낼 창구가 있었다는 생각을 합니다. 천성, 아마도 타고난 성격이 다르기 때문이겠죠. 노력, 저의 노력이 부족한 탓이었을까요? 형의 잘생긴 외모 덕에 어머니는 집에서 계속해서 어쩜 이렇게 예쁘게 생겼냐며 칭찬을 계속 했습니다. 저도 속으로 내심 그럼 나는? 나는 어떻지? 하고 기대를 하며 기다리고 있었습니다만 단 한 번도 어머니는 저를 칭찬해 주신 적이 없으십니다. 저는 가슴 한쪽이 죄어 오는 느낌이었습니다. 몇 년간 계속된 형에 대한 어머니의 애정에 형도 어느 날은 미안했나 봐요. "그럼 봉철이는?" 하고 어머니께 물어보았을 때 싸늘하게 차가워진 어머니의 표정을 보셨어야 합니다. 제가 당시 좋아하던 책은 노트르담 드 파리였습니다. 콰지모도. 아무도 저를 사랑하지 않는 추악한 괴물로 저는 저를 생각하고 있었죠.

에스메랄다여, 왜 나를 사랑하지 않나.

*여기서 화자가 말한 에스메랄다는 오이디푸스적인 모성이나 단순 이성만을 의미하지는 않는다. 세상이나 주변 환경, 손을 잡고 이야기를 나눌 친구들. 주변을 흐르는 공기, 숨쉴 때 흔들리는 그녀의 머릿결 같은 것들을 의미하며 결국 그가 그리워한 것은 이 세계 전체를 의미한다고 볼 수 있다.(역자 주)

　먹은 것을 토해내는 섭식의 장애는 이 무렵부터 시작됩니다. 고등학교 때는 이미 표준 체형에 가까웠습니다만 저는 다시 살이 찌는 것이 두려웠습니다. 제 흉측한 외모에 살까지 찐다면 감당할 수 없을 것 같았습니다. 혹은 살아 있는 일 자체를 거부하는 행동이었을지도 모르겠습니다. 먹는 일, 숨쉬는 일, 공황 역시 이 무렵부터 찾아왔습니다. 지하철에 사람이 많으면 탈 엄두를 내질 못했어요. 한 정거장만 참고 가보자, 딱 한 정거장만 버티고 가보자 하는 생각을 했으나 차마 발을 들이밀지 못했죠. 엘리베이터를 타지 못했어요. 언제 멈출지 모르고 또 좁은 공간에 갇혀 있다는 생각. 이 좁은 공간에서 엘리베이터가 갑자기 멈춰버리면 대체 어떻게 해야하지? 내가 그 갑갑함을 견뎌낼 수 있을까? 하는 생각에 숨이 잘 쉬어지지가 않았습니다. 불안과 공포는 저의 일생을 지배한 감각입니다. 대체 뭐에 대해 그렇게 불안해해야 하는지도 몰랐으면서도요.

여차저차하여 대학에 갔습니다. 다시금 말씀드리지만 공부에는 전혀 관심이 없었습니다만 서울에 있는 4년제 대학에는 갈 수 있었습니다. 이는 타고난 지능이 없었더라면 불가능했을 일입니다. 시험 성적이 나올 때마다 자행된 아버지의 폭력과는 무관한 일입니다. 오히려 학업에 대한 흥미를 완전히 잃게 했어요. 안타깝게도 폭력은 저를 지배하거나 움직이게 하지 못했습니다. 새벽까지 게임을 하다 학교에 가서는 자거나 책을 읽었습니다만 서울에 있는 4년제 대학에는 입학할 수 있었습니다. 수능을 보고 가채점을 했던 순간을 기억합니다. 점수를 들은 아버지는 말씀하시더군요.

"그간 고생 많았다."

농담입니다. 그렇게 이야기했을 리가 없죠. 제가 들은 말은 다음과 같았습니다.

"그 점수로 어디 지방 전문대나 가겠냐?"

그러나 그 점수로도 어찌어찌 서울에 있는 4년제 대학은 갔습니다. 사람과 어울리지 못했던 것은 대학도 마찬가지였습니다. 놀랍게도 첫 연애를 했습니다. 그녀는 군대에 간 자신의 동기를 짝사랑하고 있었어요.

저는 고백을 했고 사귀기로 했습니다. 그 동기가 휴가를 나올 때마다 그녀는 살을 뺀다며 밥을 먹지 않고 요거트 같은 것들로 끼니를 때우고는 했습니다. 그 요거트를 사다주는 일은 저의 몫이었습니다. 아무 맛도 나지 않는 그 밍밍한 요거트를 같이 먹으며 저는 무슨 생각을 해야 했을까요. 왜 그의 휴가 때에 맞춰 살을 빼는 건지 물어봐야 했을까요? 요거트가 정말 맛있어서 먹는 건지 물어봐야 했을까요? 저는 아무것도 묻지 못했습니다. 물어보면 정말로 뭔가가 끝나버릴 것만 같아서였죠. 결국 어떻게든 오래가지 못하고 끝나 버릴 걸 알면서도 말입니다.

제가 좋아하는 역사 속 인물은 처용입니다. 그는 서울 밝은 달에, 밤늦게 노닐다가 집에 와 방문을 열어보니 발이 네 개인 것을 발견합니다. 둘은 나의 것이 분명한데 다른 둘은 누구의 것인지 모르겠다며 노래하고 춤을 춥니다. 저는 그의 달관과 체념이 마음에 들었어요. 어쩌면 제가 살아가면서 필요로 하는 덕목이 달관과 체념 같은 것들이라는 것을 알았는지도 모릅니다. 저는 그가 조금 더 나아갔어야 했다고 생각해요. 방에 두 개만 있어야 할 그 발조차, 결국 자신의 것은 결코 될 수 없으리라는 것을요.

휴학을 하고 군대에 갑니다. 일반 육군에서는 도저히 버틸 자신이 없어 야간 편의점 알바를 하며 토익 공부를 해서 카투사에 지원합니다. 낮에는 동네에 새로 생긴 극장에서 일을 했어요. 점수를 맞추고 카투사에 합격하고 입대 2주 전까지 쉬지 않고 하루 두 시간 자며 야간 편의점과 극장 일을 병행합니다. 제 인생에서 가장 열심히 산 순간이었고, 극장에서 알게 된 여자애와 두 번째 연애를 하게 됩니다.

어느 날 여자 친구가 이발하라고 돈 만 원을 쥐어 주던데

그다음엔 목욕탕 가라고 또 만 원 주고
목욕 다 하고 탕 앞에서 바나나 우유 마시면서 기다리
고 있으니까
얼굴 뽀얘져 가지고 막 빨간 볼 하고 나오면서 바나나
우유 두 개 들고 오다
나 먼저 먹고 있는 거 보고 뒤로 감추고
상설 매장 가서 옷 깔끔한 거 사주고 막 맞춰보면서 잘
어울린다고 좋아해 주고
나 수줍어하니까 귀엽다면서 막 웃고
집에 데려다주는 길 집 앞에서
이제 깔끔해지고 말쑥해지고 멋있어졌으니까
자기보다 더 좋은 사람 만나라고

이게 마지막 사겼던 애랑 마지막 날 했던 일인데
내가 다시 연애 같은 걸 해볼 수 있을까

제가 썼던 글 중에 유일하게 사람들에게 사랑받았으며 인터넷에서 한때 많이 떠돌았던 이 글은 이 친구가 모티브입니다. 저는 철이 없었고 어리석었죠. 카투사였기 때문에 주말마다 집에 왔는데 교회에 다녔던 이 친구가 예배를 드려야 해서 시간이 없다고 잠깐 밥만 먹자고 해서 동네 분식집에 데려가기에 짜증을 내거나 하는 쓰레기였죠. 그 친구도 바쁜 와중에 저를 보겠다고 겨우 짬을 낸 거였을 텐데도 말입니다. 저는 군인이라 돈이 없었고 이 친구는 아르바이트를 하고 있어서 그 친구가 데이트 비용은 전부 부담을 했었는데도요.

모티브는 있지만 실화는 아니다. 그렇다면 이 이야기는 진실되지 않은 걸까요? 수많은 사람들이 자신의 이야기라며 인터넷에 올렸고 몇몇은 만화로 그려 냈습니다. 그럼 제 이야기가 아닌 걸까요? 저는 제가 처음 올렸던 글의 원본 링크를 가지고 있습니다. 인터넷 어떤 페이지를 찾아봐도 이 게시물보다 빨리 올린 건 찾을 수 없을 겁니다. 제가 쓴 글이니까요. 하지만 다른 사람들이 가져가서, 만화로 그려서 올린 댓글들에 저에 대한 이야기는 없었습니다. 제가 쓴 글에 대한 영광도 저는 포기하였습니다. 진실에는 어떤 의미가 있는 걸까요 대체. 그런 것이 존재하기는 하는 걸까요.

–

군대를 갔다 오고, 저는 자격증 취득을 위한 수험 생활에 돌입합니다. 대학을 다녀서 어떻게 취업을 해야 하는지도 몰랐고 또 취업을 한다고 해도 회사에서 사람들과 어울릴 자신이 없었습니다. 지금 와서는 아무 의미 없는 고민이었지만 이때는 한참 내가 만약 결혼을 하게 된다면 부를 하객이 아무도 없는데 어떻게 해야 하지? 하는 고민 같은 걸 하고는 했습니다. 이런 생각을 했던 걸 보면 이때는 그래도 조금이나마 희망 같은 것이 있었던 모양입니다. 전문직이 되어야겠다고 생각했고 하객 알바를 많이 쓰려면 돈이 많아야겠다고 생각했습니다. 그보다는 어쩌면 세상으로부터 숨고 싶었는지도 모릅니다. 수험 생활을 빙자한 세상으로부터의 도피가 길어지고 심심했던 저는 블로그를 만들어 글을 올립니다. 〈30대 백수 쓰레기의 일기〉 라구요.

생계는 막막했고 세상 밖에 나갈 자신은 없었지만 저는 즐거웠습니다. 태어나서 처음 느껴보는 기쁨이었습니다. 글을 썼고 읽으러 오는 이들이 늘어났습니다. 거리를 걸을 때면 이런저런 생각들이 머릿속에서 피어올랐고 저는 그걸 그대로 옮겨 적기만 했습니다. 책을 읽거나 영화를 볼 때도 이런저런 생각들이 떠올랐습니다.

살아 있다는 건 이런 기분이구나 싶었죠. 그러나 생계로 연결될 방법은 없었습니다. 그저 매일 글을 쓰고 그걸 읽는 사람들을 볼 뿐이었습니다. 이런 순간들이, 많은 영감들이 떠오르는 삶이 끝나버릴까 두려웠습니다. 만약 이런 상태가 계속 지속되지 않고 언젠가 끝나버리는 거라면, 그 이후의 제 삶은 대체 어떻게 되어버리는 걸까. 나는 무엇으로 살아가야 하는 걸까, 하고 겁이 났습니다. 비록 돈 한 푼 못 벌고 이렇다 할 경제활동이나 사회생활을 하지 않았지만 저는 그때 분명 살아 있었습니다.

그때 연락을 주신 것이 서서희 님이시지요. 처음 저에게 출간 제의를 해주시는 줄 알고 놀란 것은 사실입니다. 이런 것도 책이 될 수 있구나 하구요. 독립 출판 이야기를 꺼내셨을 때는 그러면 그렇지 나 같은 게 무슨, 하고 조금 실망한 것도 사실입니다. 저도 처음 들어보는 생소한 이야기라 인터넷에서 검색을 해보고 독립 책방이라는 곳도 돌아다녀 보고는 했습니다. 왠지 저 혼자서도 할 수 있을 것 같더군요. 태어나서 처음으로 제 스스로 뭔가를 만들어 내보고 싶다는 생각을 했습니다. 그래서 서희 님께는 죄송합니다만 제가 혼자서 해보고 싶다고 말씀드렸었지요. 그때의 저를 용서하시기 바랍니다.

그즈음에 저는 한 인물과 만나게 됩니다. 이렇다 할 직업 없이 강남에서 혼자 살고 있다는 여성이었습니다. 누구라도 눈치를 챌 수 있지 않을까요. 화류계에서 오래 일을 했으리라는 것을요. 그녀의 용모는 화려했고 어딜 가든 시선을 끄는 사람이었어요. 저는 과거 같은 것은 아무 상관 없다고 생각했어요. 돈 한 푼 없고 이렇다 할 재주도 없는 저를 좋아해 주기만 한다면, 사랑받을 수만 있다면 저는 그런 것쯤은 아무 문제도 없다고 생각했습니다. 그러나 과거에서 벗어나지 못하는 것은 그녀였습니다. 70년대 아침 드라마에나 나올 진부한 이야기입니다. 술집에서 일하던 그녀를 마음에 들어한 부자 아저씨가 빚을 갚아주고 그녀를 꺼내줬고 집을 구해서 살게 해줬다 하는 이야기들. 덕분에 알고 싶지 않은 이야기를 많이 들었습니다. 한순간도 말을 멈추지 않는 사람이었어요. 그녀는 자신의 어머니 대에서부터 시작되는 그 구슬픈 이야기들을 털어놓기 시작했습니다. 이모 집에서 가정부로 일하기 위해 시골에서 상경한 어머니가 결혼을 하고 아버지가 바람을 피운 이야기. 그 아버지가 네 살 때 돌아가신 이야기. 그리고 그 죽음에 자신이 책임이 있다고 생각하는 점. 크리스마스 날 밤 붕어빵을 사 들고 온 아버지를 어머니는 문을 열어주지 않았고 자신을 불러 문틈 사이로 붕어빵을 건네주며 이거라도 먹으라고 했던 아버지는 그날 밤 술에 취해 8차선 대로를 걷다 덤프트럭에 치여 돌아가셨다고 하더군요. 고등학교 때부터 연예인 연습생 생활을 했지만 이런저런 사유로 결국 술집에서 일을 하게 됐다는 사정들. 부친의 사후 어머니는 동네에서 룸살롱을 운영하셨고 집 안에는 언니라고 불러야 했던 이모들이 가득했으며 자신은 오빠와 함께 방치되었다는 말. 그 뒤로 이어지는 오빠의 폭력. 이인증을 비롯한 여러 가지 정신적, 신체적 문제들이 어려서부터 시작되었다고 하더군요.

처음, 그녀는 저에게 정말 잘해줬습니다. 제가 먹어보지 못한 맛있는 것들을 많이 사주고 옷도 사주었어요. 물론 결제는 대부분 아직까지 가지고 있던 그 부자 아저씨가 준 카드였습니다. 저는 사람과 친하다는 것이 어떤 느낌인지 몰랐기에 그녀에게 물어봤습니다. "우리 혹시 친한 건가요?" 그러나 조금씩 변하기 시작하더군요. 끊임없이 제게 물어봤습니다. 그냥 외로워서, 누구라도 옆에 있었으면 해서 자신을 만나는 게 아니냐구요. 저는 계속해서 아니라고 했습니다만 질문은 수십 번씩 이어졌습니다. 저는 결국 생각했지요. 본인의 그러한 마음을 나에게 투영하고 있는 거구나. 자신을 술집에서 꺼내줬다는 부자 아저씨. 그에 대한 이야기를 그녀는 끊임없이 늘어놓았습니다. 자신을 괴롭히던 전 남자 친구를 뒷조사해서 출생부터 모든 것을 알아내고 두 번 다시 접근하지 못하게 했다는 말. 자신보다 20살도 넘게 많지만 밖에서 보면 또래로 보일 만큼 젊고 혈색이 좋다는 이야기. 그런 그가 자신을 이제 버리려고 하자 미쳐버릴 것만 같다고 하더군요. "내가 그 사람 아이를 낙태까지 했는데." 하고 말하며 그녀는 울었습니다. 그런 그녀를 보며 저는 어렸을 적 군대 휴가 때마다 살을 빼겠다던 이에게 요거트를 사다 주던 기억을 떠올렸습니다. 저를 힘들게 하는 일들은 또 있었습니다. 이런저런 병명들, 이를테면 아스퍼거 증후군 같은 것들을 언급하며 저에게 혹시 이런 증세가 있는 건 아닌지 묻더군요. 저는 아니다, 멀쩡하진 않지만 그정돈 아니다라고 했습니다만 그녀는 계속해서 다른 병명들을 들먹이며 혹시 이 병이 아니냐고 묻더군요. 저는 지쳐 결국 제가 가진 문제를 이야기했습니다. 사람들과 잘 어울리지 못하는 것 외에도 제가 누구에게도 차마 말하지 못하고 죽을 때까지 숨기고 싶던, 사람 앞에 나서지 못할 제 치욕스러운 상태를요.

단 한 번도 누구에게 이야기하고 싶지 않았던 제 비밀을 들은 그녀의 표정은, 다시 생각하고 싶지도 않은 끔찍한 것이었습니다. 살아갈 자신이 없다고? 겨우 그깟 걸로? 하고 어이없다는 듯 비웃기 시작하더군요. 그러고는 자신의 신체적 비밀을 이야기하기 시작했습니다. 저는 이게 비교가 가능한 것인가? 하는 생각을 하면서도 어쩌면 생각했는지도 모릅니다. 이 사람이라면 내 인간으로서의 결함을 이해해 줄 수 있을지도 몰라.

그녀는 말을 쉬지 않는 사람이었어요. 한순간이라도 말을 멈추면 안 된다고 생각하는 종류의 그런 사람이었습니다. 끊임없이 자신이 만났던 그 부자 아저씨와의 일화나 술집에서 일하던 때의 이런저런 에피소드 같은 것들. 전에 만났던 남자 친구들의 이야기. 저는 결코 듣고 싶지 않았습니다. 대부분 성적인 이야기들이 많았으니까요. 저는 그녀가 그들과 어떻게 만났고 어떻게 관계를 가졌는지, 어떤 말들을 했고 자세는 어떠했는지를 다 들어야 했습니다. 제가 특별하게 보수적이거나 유별나다고 생각하지는 않지만 누가 만나는 사람의 그런 이야기들을 듣고 싶어 하겠어요. 듣다가 저도 모르게 짜증을 냈습니다. 제발 그만 좀 이야기하고 5분만 조용히 있자구요. 그녀는 기겁을 하며 비명을 지르고는 머리를 감싸쥐었습니다. 아마 어떠한 발작의 기전이었겠지요. 저는 사과를 하고 다독여 주는 수밖에는 없었습니다.

조금씩 그녀는 차가워지기 시작했습니다. 연락이 잘 되지 않았고 만나서도 뭔가 초조한 듯 핸드폰만을 들여다보고 있었습니다. 처음의 그 다정하고 따뜻하며 한없이 잘 해줄 것 같던 사람이 변하더군요. 저는 제가 뭔가를 잘못했거나 실수를 했기 때문이라고 생각했습니다. 어떻게든 그 따뜻함을 다시 찾고만 싶었습니다. 누군가에게 사랑받을 수만 있다면, 이런 저라도 인간으로서 좋아해 주는 사람이 단 한 사람이라도 있다면 모든 것을 바치겠다는 다짐을 다시 떠올렸습니다.

책을 내고 조금씩 이름이 알려지기 시작하자 같이 작업을 하자는 제의가 들어오기 시작했습니다. 다섯 명이서 같이 책을 내기로 했습니다. 단톡방에도 초대되었습니다. 카카오톡 단톡방 같은 것에 제가 얼마나 들어가 보고 싶었는지 모르실 겁니다. 그녀가 그중 한 인물에게 관심을 갖더군요. 귀엽다면서요. 한 번도 만나본 적 없지만 애칭으로 그를 부르기 시작했습니다. 저조차도 불려본 적 없는 애칭으로요. 그녀는 저 대신 카톡방에 들어가서 그에게 장난을 치고 놀리기 시작했습니다. 저는 어찌할 바를 몰라 가만히 있을 수밖에는 없었습니다. 그녀가 저와 있을 때 오랜만에 즐거워하는 것 같자 말려야 한다는 생각을 하지 못하기도 했습니다. 그녀는 끊임없이 누군가를 놀리고 장난을 치고 깎아내려야만 하는 사람이었습니다. 그렇게 해야 자신의 자존감이 높아질 수 있을 거라 믿는 것 같았습니다. 저에게 장난을 칠 때에도 그만했으면 좋겠다고 말해도 그녀는 멈추질 않았습니다. 제가 예민한 거라고. 이 정도 장난은 친한 사이라면 누구나 할 수 있는 건데 제가 친구가 없어서 그걸 모르는 거라구요. 카톡방에서 놀림을 받던 사람은 결국 화를 내더군요.

"아 이제 재미없네." 하고 그녀는 저에게 핸드폰을 던지듯 건네주었습니다. 단톡방에서는 제가 심했고 선을 넘었다며 같이 작업하긴 힘들 것 같으니 저에게 그만 나가달라고 하였습니다. 저는 죄송하다는 말을 남기고 그 방에서 나올 수 밖에 없었습니다. 그녀에게는 한 마디도 할 수 없었습니다.

어렸을 때 자신이 아버지를 죽음에 몰아넣었다는 생각, 크리스마스 날 본인이 문을 열어주지 않았기 때문이라는 생각은 그녀에게 부성에 대한 결핍을 만들었고, 이는 성인 남성들에 대한 과도한 친절과 애착을 갖도록 하였습니다. 어쩌면 그녀가 술집에서 일하면서 체득한 습관인지도 모르죠. 저의 과거를 물었을 때 저는 제가 받은 학대들에 대해서 이야기하자 그녀는 말했습니다.

"그래? 아버지도 많이 힘드셨겠다."
"뭐?"
"그렇잖아 시골에서 올라오셔서 얼마나 사는 게 힘

드셨겠어."

"그럼 나는?"

"에이, 어렸을 때 그 정도도 안 맞은 사람이 어딨어. 어리광 부리지 마."

언젠간 우리는 결혼할 사이인데 그럼 제 아버지를 본 인도 미워해야 하겠냐며 또다시 시작되는 그녀의 유년 시절에 대한 이야기, 그리고 그 부자 아저씨도 아버지 와 사이가 좋지 않았는데 본인이 나서서 화해를 시켜 줬다는 수십 번도 더 들었던 이야기를 늘어놓았습니다. 그녀는 세상 모든 사람들을 이해할 수 있었지만 저 한 사람만큼은 결코 이해해 주지 못했습니다. 오히려 제 가 처음 만들었던 책이 사람들로부터 흥미를 끌자 그녀 는 말했습니다. 너는 나 없으면 안 돼, 내가 있어서 용기 를 내서 니가 이런 거라도 할 수 있었던 거야. 너는 내 말만 잘 들으면 돼. 그때마다 저는 우습게도 서희 님을 떠올렸습니다. 저에게 독립 출판을 알려주시고 또 제가 스스로의 힘으로 해보고 싶어서 글을 편집하고 책의 형 태로 만들어 내던 시간들을요.

당시 블로그로 체험단이라고 해서 밥을 먹고 후기를 올리거나 하는 일들이 있었습니다. 그녀에게 뭐라도 해주고 싶어서 여기저기 밥을 먹으러 다니거나 미용실을 체험단으로 가기도 했습니다. 며칠 동안 연락이 없다가 한 번에 수십 개의 체험단 링크를 보내오기도 했습니다. 한 달에 세 번이나 미용실에서 염색을 하거나 수차례 피부 관리를 받으러 가기도 했었죠. 저는 그런 것이 사랑이라고 믿었습니다. 제가 노력하면 노력하는 만큼 이 사람도 저를 알아줄 거라구요. 그렇지만 제가 가진 것이 워낙에 적었고 또 그 부자 아저씨가 해준 것에 비하면 그녀에겐 아무것도 아니더군요. 마치 초등학교때 좋아하던 여자애 생일 파티에 선물로 종이학 100개를 밤새워 접어 갔는데 다른 아이들이 꺼내놓는 휘황찬란한 선물들에 차마 내놓지 못했던 기분이었습니다. 가방, 가방을 가지고 싶다는 이야기를 항상 하고는 했습니다. 저는 소위 말하는 명품이라는 것에 아무 관심이 없습니다. 가질 돈도 없지만 그런 것에 큰 의미를 두지는 않는 편입니다. 가방을 가지고 싶다는 말에 제가 명품이라고 특별한 줄 잘 모르겠다고 하니 그녀가 말하더군요. "너가 안 가져봐서 그래. 달라. 확실히 달라."

책방에 가거나 독립 출판 마켓에 나가면 저에게 아무 말도 하지 않고 가만히 앉아 있으라고 했습니다.제가 말을 하면 사람들 분위기가 이상해지는 것을 느끼지 않느냐면서요. 저는 설령 그렇다 하더라도 제가 말을 했어야 한다고 지금은 생각합니다. 이미 모두 늦어버린 일이지만요.

언젠가는 노래를 만들어보고 싶다는 생각을 했습니다. 글을 한 편 썼는데 마음에 들었고, 노래 가사 같다는 생각이 들어 멜로디를 붙여보고 싶더군요. 인터넷으로 무료 음원들을 알아보고 있는데 그녀가 뭐 하냐며 물었습니다.

"노래를 만들어 보려고."
"노래? 어떻게? 혼자서?"
"어. 재밌을 것 같아서,"
"할 거면 제대로 해야지. 응 그치. 제대로 안 할 거면 시작도 안 하는 게 맞아."
"아니 그냥 재미로 해보고 싶어."
"재미가 어딨어. 이왕 하는 거면 스튜디오도 빌리고 제대로 녹음해야 되는 거지."

저는 문득 모든 흥미를 잃어버렸습니다.

"그냥 안 할래."

"보컬 트레이닝도 받고 해야 돼. 노래라는 게 쉬운 게 아냐."

"별로 안 하고 싶어졌어, 이제."

"노래방에라도 가서 음정 박자 맞추는 법도 좀 익히고."

하지 않겠다는 말에도 할 거면 제대로 해야지, 라며 다시 그녀의 모든 인생사를 들어야 했습니다. 연예인이 되기 위해 기획사에 들어가서 연습생을 했던 이야기. 노래를 부르고 술집에 나가서 있었던 일들. 만났던 사람들. 저는 질리고 지쳤습니다. 무엇보다 오로지 재미를 위해 무언가를 만드는 일 자체를 이해하지 못하는 것 같더군요. 정작 자신은 살면서 단 한 가지도, 스스로의 손으로 만들어 본 적이 없는데도 말입니다. 살면서 책을 단 한 권도 읽어본 적이 없다는 그녀는 간간이 보내오는 인터넷에 떠다니는 의미 없는 격언이나 명언들을 저에게 읽으라며 보내기도 했습니다. 저는 이 사람이 마치 실패한 자기 계발서 같다는 생각을 했습니다.

—

글을 쓰고 제가 가장 유의했던 부분 중에 하나는 사람들의 반응에 신경쓰지 않는 것이었습니다. 그런 것에 휩쓸리면 저라는 사람은 아무것도 할 수 없다는 걸 저는 잘 알고 있었습니다. 재밌게 읽었다거나 이런 것을 왜 쓰냐며 화를 내는 사람들. 글은 그냥 세상에 내던지는 저의 세계 중 일부이고 이를 어떻게 받아들이는지에 대해서는 오로지 읽는 이의 몫이니까요.

어느 날 그녀가 말하더군요. 자신이 악플을 달던 어떤 사람과 댓글로 이야기를 나눴다구요. 왜 이따위 글을 쓰는지 댓글을 나눈 사람과 말싸움을 벌인 끝에 결국 그가 자신의 상황을 털어놨더군요. 아이가 많이 아픈데 힘든 상황에서 제가 썼던 이런 글들을 읽으니 자신도 모르게 화가 나서 말을 좀 함부로 한 것 같다구요. 저는 막막했습니다만 그녀는 의기양양해 했습니다. 자신이 제 글의 가치를 지켜내고 그 사람의 본모습을 털어놓게 했다면서요. 저는 아무 말도 하지 않았습니다. 더 이상 생각이라는 것을 하고 싶지 않았습니다.

너는 이런 사람이야. 너는 사람들이랑 이야기하는 것 싫어하잖아. 내가 널 몰라? 이런 말은 그녀가 제게 자주 하는 말들이었습니다. 어느 순간부터 저는 그렇구나, 외에는 생각하지 않게 되었습니다. 식당에 밥을 먹으러 가도 항상 그녀는 자신이 선택한 메뉴를 제가 먹게 했습니다. 다른 메뉴를 고르려고 하면 화를 내고 짜증을 부렸습니다. 신발을 사러 가서도, 작게 신는 것이 예쁘다며 제 발 사이즈보다 작은 신발을 우겨서 사게 하더군요. 뒤꿈치가 다 까져서 밴드를 붙이면서도 저는 그 신발을 신을 수밖에는 없었습니다. 그녀는 그런 저를 보며 흐뭇해하더군요. 제 뒤꿈치에서는 피가 흐르는 와중에도요.

–

책이 조금씩 알려지기 시작하자 그녀는 책에 더욱 집착하기 시작했습니다. 제가 쓴 책을 우리 책이라고 부르지 않으면 화를 냈고 마켓이나 책방 행사 같은 곳에 가면 항상 본인의 책처럼 말했습니다. 한 서점에 초청을 받아 북토크 비슷한 것을 하러 간 일이 있었습니다. 다소 먼 곳에 있었기에 차를 렌트해서 갔습니다. 서점 주인은 중년의 남성이었습니다. "이 책은 지적인 남자들이 좋아하더라구요." 하는 등의 말로 그녀는 말문을 열었습니다. 그게 대체 무슨 미친 소리야 하고 생각했지만 저는 아무 말도 하지 못했습니다. 여느 때와 같이 그녀는 자기가 쓴 글인냥 책 소개를 늘어놓기 시작했습니다. 전부 다 저에게 물어봤던 말들. 그녀를 믿고 털어놓았던 비밀들과 책에 차마 쓰지 못한 이야기들을 전부 말하더군요. 친구가 없다. 사람이 어렵다는 건 늘상 제가 글로 써오던 이야기이지만 막상 그걸 눈앞에서 다른 사람 입을 통해 듣는 일은 괴로웠습니다. 사람들이 그녀에게 묻더군요. 그럼 뭐 하시는 분가요? 책을 같이 쓰신 건가요? 그녀는 말문이 막히며 머뭇거렸지만 이내 다른 주제로 화제를 돌렸습니다. 누군가 책에는 어머니에 대한 이야기가 많은데 어떤 감정으로 이런 글들을 쓰신 건가요? 하고 묻자 그녀가 답했습니다. "죄책감이요." 사람들이 아– 하고 감탄하더군요. 그때 그녀의 그의기양양한 표정을 보셨어야 합니다. 그녀의 끝없는 물음, 질문에 제가 했던 이야기였습니다.

다른 곳으로 화제가 흐르고 제가 뭔가를 말하려고 하자 서점 주인이 검지손가락을 입에 대며 조용히 하라고 하더군요. 이럴 때는 그냥 가만히 있는 거라고 하면서요. 그러며 그가 얕잡아보는 눈길로 저를 보고 말했습니다. 고생이라고는 한 번도 안 해본 것처럼 생겼다구요. 저는 억울했습니다. 제가 살아온 삶의 과정들은 다른 사람이 보기엔 별거 아니었을지 몰라도 지옥 그 자체였으니까요. 뭐라도 반박을 해볼까 하는데 그녀가 말하더군요. "그럼요. 노가다도 몇 번 나간 척만 하고 나가 보지도 않았어요." 저는 제 손에 박힌 굳은살을 내려다보았습니다. 그들만의 대화는 계속되었습니다. 저는 제가 뭐하러 차를 렌트해서까지 여기에 왔을까 생각하며 조용히 서점 밖으로 나갔습니다.

차에 올라타서 시동을 걸고 집에 갈까 하다 차마 그렇게는 하지 못하겠더군요. 그래서 주차 자리를 조금 옮겼습니다. 그러고도 서점 안에 들어가고 싶지 않아서 한참을 밖에서 서성거리고 있으니 둘이 같이 나왔습니다. "어디 갔었어? 사장님이 걱정 많이 하셨잖아." 하고 그녀가 묻기에 저는 "그냥 바람 좀 쐬러." 하고 답했습

니다. 사장은 들어가고 그녀와 둘이 남았을 때 그녀가
묻더군요.

"차는 왜 탔던 거야?"
"주차를 다시 해야 될 것 같아서."
"사장님이 그러던데? 운전 많이 안 해본 것 같다고."
"왜?"
"뭐가 왜야. 너 운전 못 하는 거 맞잖아."

다음 어느 마켓에서 그를 다시 만난 적이 있습니다.
저를 손짓으로 불러 찾아가 인사를 했습니다.

"그 분은 안 오셨어?"
"누구요?"
"항상 같이 다니던 분."
"예 오늘은 저 혼자 나왔어요."
"누가 널 보고 싶어한다고 혼자 나와? 뭐 말 한마디
라도 제대로 할 수 있겠어?"

혀를 차며 손짓으로 저에게 가보라고 하기에 돌아서
며 저는 말했습니다.

"죄송합니다."

자신이 했던 이야기를 기억하지 못하거나 상황 자체를 다르게 인식하여 저를 이상한 사람으로 만드는 것도 그녀가 주로 보이는 행동 중 하나였습니다. 어린 시절 오빠에게 자주 맞았다고 생각했지만 사실은 그런 일이 없었다는 것. 이러한 기억의 왜곡을 자주 겪은 그녀는, 저 또한 그런 착각이나 착란을 보이는 건 아닌지 의심하고는 했습니다. 바로 전 주에 극장에서 영화를 보고 왔는데도 갑자기 "우리는 왜 영화 한 편도 같이 안 봐?" 하고 화를 내는 등, 가끔 저에게 화를 내며 이런저런 불만을 이야기했는데 따지고 보면 그녀가 전에 만났던 남자들과 있었던 일이더군요.

저는 그녀가 뭔가 자신만이 할 수 있는 일이 있다면 괜찮아질 거라고 생각했습니다. 알파벳을 모르고 버스나 지하철을 탈 줄도 모르던 그녀가 뭔가 자신만의 것을 가질 수 있다면 괜찮아질 거라 생각했고 제가 돕고 싶었습니다. 사회복지사를 하는 게 어떨까 하는 생각이 들더군요. 응시 자격이 안 되기에 학점은행제를 등록해주고 레포트를 대신 써주고 온라인 시험도 봐주었습니다. 도움이 될까 싶어 인근 대학의 평생교육원에서 사회복지 관련 수업을 같이 듣기도 했습니다. 비용은 제가 전부 지불해야만 했죠. 그저 그녀가 사회의 한 구성원으로서 살아갈 수 있기를 바랬을 뿐입니다. 저조차도 똑바로 걷지 못하는 와중에요.

수업의 일환 중 하나로 어떠한 심리 실험 비슷한 것이 있었습니다. 일종의 롤플레잉 연극이었는데 교실 앞에 나가서 자신의 상처나 트라우마를 드러내는 일이었습니다. 어쩌다 보니 제가 하게 되었고 교수님이 어머니 역할로 이런저런 이야기들을 시작했습니다. 시작 전 교수님께서는 사람들에게 당부하셨습니다. 이제부터 이 사람이 하는 말이나 행동에는 어떠한 평가나 가치 판단도 하지 말아야 한다구요. 저는 담담하게 시작하였으나 그 상황극이 계속될수록 저도 모르게 몰입하여 종국에는 눈물을 펑펑 쏟게 되었습니다. 저조차도 저에게 그 정도의 눈물이 남아 있는 줄은 몰랐습니다. 학창 시절 괴롭힘을 당했을 때처럼 남들 앞에서 눈물을 보인 적은 많았지만, 그렇게 마음을 열고 울어 본 것은 처음이었습니다. 누군가가 저의 엉덩이를 때려 제가 살아있음을 증명해야하는 것이 아닌, 정말 마음 깊은 곳에서부터 저도 모르게 쏟아져 나오는 눈물이었습니다. 상황이 끝나고 마음을 추스르며 자리에 돌아왔습니다. 어떻게 봤냐는 교수님의 질문에 그녀는 손을 들고 말하더군요.

"다 가식이고 거짓말인 것 같아요."

교수님은 눈에 띄게 당황하셔서 말씀하셨습니다.

"이건 그런 시간이 아니에요. 그런 판단은 하시면 안 돼요."
"근데 거짓말 같은 걸 어떻게 해요? 진짜를 보여주진 않은 것 같아요. 진심 같다는 생각이 안 들어요."

저는 고개를 숙이고 가만히 있었습니다. 얼른 이 시간이 지나가기만을 바랐습니다. 수업이 끝나고 나오는 길 저는 그녀에게 왜 그런 말을 했는지 물었습니다. 그녀가 답하더군요.

"그러게 왜 나에 대해서는 한마디도 안 했어?"

자신의 말을 잘 듣지 않으면 독립 출판계, 그런 것이 존재하는지는 잘 모르겠습니다만 여하튼 이러한 실존 여부가 불확실한 공간에. 그러나 제가 세상 밖으로 조금씩 나가보기 위하여 용기를 낸 곳에 두 번 다시 발도 붙이지 못하게 하겠다는 것이 그녀가 자주 하는 말이었습니다. 자신은 용모가 뛰어나고 말재주가 좋으며 사람들을 많이 상대해 봤으니 사람들이 누구 말을 더 믿겠냐는 것이었죠. 이게 정상이야? 이는 그녀가 저에게 자주 하는 말이었습니다. 다른 사람들한테 물어볼까? 이게 정상인지? 하고 물을 때면 저는 단 한 번도 누군가가 제 말을 믿어줄 것이란 확신이 없는 채로 살아왔기 때문에, 그보다는 제가 진실을 말해도 사람들은 구태여 듣고 싶어 하지 않아왔기 때문에 그 말에 수긍했습니다.

그러던 어느 날, 자기 자신에 취한 그녀가 한 말에는 조금 의아한 생각이 들었습니다.

"내가 말하면 너네 부모님까지도 내 말을 듣고 내 편을 들을 거야."

저는 곰곰이 생각해 보다 말했습니다.

"아닐 걸?"
"뭐가?"
"니가 뭐라고 말하던 결국 우리 부모님은 날 믿으실 것 같은데?"

어렸을 적에 저를 많이 때려서 아직까지도 두렵고 무서운 존재였지만 왠지 부모님은 제 말을 더 들어주실 것 같다는 생각을 했습니다. 아버지는, 그저 잘못된 훈육에 대한 신념으로 인해 저에게 극도로 가학적이고 폭력적인 방식으로 저를 때리셨을 뿐입니다. 그를 용서한다던가 이해한다고 말할 수는 없겠지만. 그래도 저를 믿어주지 않겠냐는 생각이 들더군요. 가족이란 참 이상하죠. 그녀가 당황하는 모습이 보이자 조금씩 뭔가 이상하다고 느껴지기 시작했습니다.

정말 사람들이 이 사람 말만을 믿을까? 아무리 말을 잘하고 사람들을 다루는 데 도가 텄다고 하더라도. 변하지 않는 진실을 이야기한다면 사람들이 내 말을 조금이라도 들어주지 않을까? 이 여자의 부모님은, 어려서부터 유흥업소를 운영하고 또 성인이 돼서 술집에 나가는 자신을 말리지도 않고 오히려 돈을 뜯어가고 사기를 쳤다고 하는데 이런 집안보다는 우리 집이 그래도 비교하는 게 덜 창피할 만큼 멀쩡한 게 아닐까? 하는 생각이 들더군요. 우습게도 어린 시절 제가 죽음을 생각하게 만든 부모님이었지만 그 순간만큼은 저를 살려주시더군요.

—

    어느 날 SNS를 통해 조현병이 의심되는 한 인물의 계정을 찾아낸 그녀는 그에게 흥미를 갖고 매일 그의 괴이하고 두서없는 글들을 캡쳐해서 저에게 보내더군요. 과대한 망상과 현실 감각이 떨어지는 글들을 저는 읽을 필요를 못 느껴서 그냥 흘러 넘겼습니다. 어느 날 같이 택시를 탔는데 그녀가 약속에 늦었기 때문입니다. 그녀는 대부분의 시간 약속에 늦었고 저는 어쩔 수 없이 택시비를 지불해야만 했습니다. 한강의 어느 다리를 건너는데 그녀가 그 계정을 열어서 그의 글들을 읽기 시작하기에 저는 말했습니다.

    "안 읽었으면 좋겠어. 머리도 아프고 듣기 싫어."

    그녀는 계속해서 글을 소리 내어 읽어 나갔습니다. 저는 견디기 어려워 이어폰을 꺼내 귀에 꼽고 노래를 틀었습니다. 결국 그녀가 읽는 그 괴이한 글들을 듣는 사람은 택시 기사님 한 분뿐이었습니다. 듣는 이가 아무도 없는 그 기묘한 낭독은 계속되었습니다. 결국 그 길고 의미는커녕 병리학적 증세만 가득 드러나 보이는 그 글을 그녀는 몇 분간 읽어 내더군요. 기사님이 백미러로 저를 흘긋 보는 것이 보였습니다. 저는 더이상은 안 될 것 같다는 생각을 했습니다.

그녀는 높은 굽의 명품의 가품 운동화를 샀습니다. 걷다가 넘어져 발목을 삐었습니다. 그 순간만큼은 정말 아무 생각도 들지 않았습니다. 굳이 발이 편한 신발도 많은데 명품, 그것도 가품의 운동화를 사야 했을까 하는 생각과 10cm는 되어 보이는 그 운동화의 굽을 내려다 봤습니다. 더이상은 그녀에게 아무 감정도 들지 않았고 그저 이 상황 자체가 하나의 희극 같다는 생각을 했습니다. 아무 생각도 하고 싶지 않았고 아무것도 느끼고 싶지 않았습니다.

더 이상 글을 쓰고 싶지 않다는 생각을 어느 순간부터 하게 되었습니다. 듣고 싶지 않은 말들을 너무 많이 들었으며 끊임없이 물어 오는 '이게 정상이야?' 하는 말들에 제 스스로를 의심하게 되었습니다. 더이상 머릿속으로 아무것도 떠오르지 않았을 때의 절망을 서희 님은 모르실 겁니다. 이제 끝이구나, 하고 저는 생각했습니다. 발목을 부여잡고 통증을 호소하는 그녀를 그저 가만히 내려다보듯 저는 이제 더 이상 글을 쓸 수 없는 사람이 되었다고 생각했지만 슬프지는 않았습니다. 그저 가만히 내려다보았을 뿐입니다. 아무런 감정도, 통증도 느끼지 못한 채로. 다시 고개를 돌려, 아무것도 없을 것이 뻔한 제 뒤편을 확인해 보았습니다. 그러자 그녀는 저를 흉내내듯 고개를 빠르게 돌려 뒤를 돌아보며 입가에는 가득 비웃음을 지은 채 다시 말했습니다.

"이게 정상이야?"

그녀가 이별을 말했습니다. 자신이 다쳤던 순간에 자신을 내려다보는 제 텅 비어 있는 듯한 눈빛이 무서웠다면서요. 저는 알겠다고 했습니다. 그녀는 당황한 것 같더군요. 그러며 매번 저에게 하던 말들을 다시 말했습니다.

"니가 나 아니었으면 책을 만들 수 있었을 것 같아?"

저는 마지막으로 그녀에게 물었습니다.

"우리 혹시 친한 거야?"

선생, 진실에는 대체 어떤 의미가 있습니까? 재밌는 사실을 하나 말씀드릴까요? 3년 반 정도의 교제 동안 저는 그녀의 손 한 번도 잡아본 적이 없습니다.

—

시간이 좀 흐른 후 친구를 만들어 보기로 했습니다. 친구를 만들어 제대로 된 인간관계를 형성할 수만 있다면, 친하다는 것이 무엇인지 이해할 수만 있다면 저는 이 외로움으로부터 벌어지는 모든 일로부터 조금 자유로워질 수 있지 않을까 싶었으니까요. 카톡 오픈 채팅이나 당근마켓에 동네 모임이 있더군요. 산책 모임이 있어 가입을 해 보았습니다. 약속 시간에 나가 산책을 같이 했습니다. 낯을 많이 가려서 대화를 나누지는 못했지만 그래도 사람들과 함께 있다는 소속감 같은 것이 들어 좋더군요. 어쩌면 나도 사람들과 어울릴 수 있는 사람인지도 몰라, 하고 자신감이 조금씩 생겼습니다. 누구보다도 더 이 모임에 진심이라는 것을 보여주기 위해 평소 밖에서는 큰 동작을 하지 않기로 다짐한 저이지만 팔도 90자로 굽혀서 엄청 활발하게 휘두르고 성큼성큼 걷는 이른바 파워 워킹을 시전하며 걸었습니다. 세상에 진심이었던 것이 잘못이었을까요? 다음 약속 시간이 되어 나가봤지만 사람들은 없었습니다. 급하게 연락을 해보니 먼저 모인김에 출발했으니 따라오라고 하더군요. 그새 체력에 자신이 붙어 파워 워킹으로 성큼성큼 걸어갔지만 사람들은 보이질 않았습니다. 연락도 닿지를 않더군요. 이런 일이 두세 번 반복되자 저는 깨달았습니다. 이 사람들은 나와 같이 걸을 생각이 없구나.

사람들과 같이 걷는다는 것은 대체 어떤 기분일까요. 다음에 도전해 본 모임은 술을 마시는 동네 친구 모임 이었습니다. 원하는 날짜에 '벙'이라는 것을 열고 참가 신청을 누르면 참여 할 수 있었습니다. 딱히 할 일이 없기에 하루 종일 핸드폰만 들여다보다가 벙이 열리면 참가했습니다. 술을 잘 마시는 편은 아니지만 열심히 마셨습니다. 운이 좋아 사람들과 조금씩 친해지기 시작했습니다. 어쩌다 보니 나름 친해진 두 명과 언제나 남몰래 염원해 왔던 카톡 단톡방을 만들기도 했습니다. 한 명은 저와 동갑인 여자였고 다른 한 명은 두 살 많은 누나였습니다. 이런저런 일상을 카톡 대화를 통해 나누다 보니 정말 이제는 친구를 만들 수 있을 것 같다는 생각이 들더군요. 다음 모임에도 셋이 같이 참여 했습니다. 술을 마시고 저는 술이 약해 10시쯤 인사를 하고 집에 먼저 돌아왔습니다. 기분 좋게 취해 잠에 들었는데 전화가 한 통 오더군요. 시계를 보니 열두 시쯤이었습니다. 단톡방에 있던 누나였습니다.

"무슨 일이야?"
"너 지금 어디야?"

"나 열 시쯤 들어와서 씻고 자고 있지."

솔직히 말씀드리자면 씻었다는 말은 거짓말이었습니다. 소주 두 잔에 잔뜩 취해 씻지도 않고 그대로 누웠었습니다.

"너 빨리 희정이한테 가 봐."

그녀는 단톡방에 같이 있던 다른 친구의 이름을 댔습니다.

"희정이? 지금 어딘데?"
"내가 가야 되는데 지금 못 나가. 희정이 지금 큰일났어."
"뭔 일인데 대체"
"희정이 지금 그 모임에 있던 사람한테 쫓겨서 건물에 숨어 있데. 최대한 빨리 가 봐."
"알겠어. 일단 끊어 봐."

저는 바로 옷을 차려입고 택시를 불러 모임이 있던 장소로 나갔습니다. 모임에 왔던 남자 두 명이 서 있더군요. 직감적으로 저들일 것이라고 생각했습니다. 택시에서 내려서 그들을 모르는 척하고 지나갔습니다. 그들이 저를 보고 의아해 하더군요. 희정에게 전화를 해 봤지만 받지 않았습니다. 그 둘이 저에게 와서 여기에 다시 왜 왔냐고 묻더군요.

"지나가다 담배 사러 들렀어요."
"그걸 지금 믿으라고?"

저는 최대한 빨리 희정이를 찾아서 집에 보내고 저도 집에 가야겠다는 생각뿐이었습니다. 그래서 희정이가 어디 있나 두리번거리던 중 갑자기 퍽 하는 소리와 함께 눈앞이 번쩍이더군요. 그 둘 중 한 명이 저를 주먹으로 뺨을 때렸습니다. 저는 깜짝 놀라 고개를 숙이고 도망쳤습니다. 눈물이 나더군요. 비참한 기분이었습니다. 그들이 계속 욕을 하며 쫓아왔습니다. 핸드폰을 들어 신고할 여력이 되질 않아 간신히 112를 눌렀지만 통화를 하는 모습을 보이면 전화기를 뺏길 것 같아 그냥 들고만 있었습니다. 24시간 운영하는 편의점에 들어가고 나서야 그들은 더 이상 쫓아오지 못하고 문 앞에서 서성거렸습니다. 일전에 한 번 이 남성과 단둘이 술을 마시다 집까지 쫓아왔다고 하던 희정의 말이 떠올랐습니다.

그들이 편의점 안으로는 들어오지 못하는 것을 확인

하고 저는 다시 핸드폰으로 112에 신고했습니다. 제발요 빨리 좀 와주세요, 빨리요. 이윽고 경찰차가 도착하고 저는 경찰에게 주먹으로 오른쪽 뺨을 가격당했다고 말했습니다. 그들이 저에게 와서 뭔가를 말하려고 하기에 가까이 오지 못하게 해달라고 했습니다. 남자 중 한 명은 그날 처음 모임에 가입한 처음 보는 사람이었습니다. 그가 저에게 와서 말하더군요.

"이게 그렇게 경찰까지 부르고 할 일이야?"
"제가 아무 이유 없이 맞았잖아요."
"아니 그래도 그렇지 이게 이렇게까지 할 일이야?"

저는 이 사람도 저에게서 떨어뜨려 놔 달라고 경찰에게 부탁했습니다. 경찰차를 타고 파출소에 도착하여 격리되어 앉아 진술서를 썼습니다. 그동안 경찰이 희정이에게 연락을 했는지 잠시 뒤 그녀가 문을 열고 들어섰습니다. 그 이후의 광경은 쉽게 믿지 못할 일이었습니다. 파출소 안을 한 바퀴 둘러보더니 저를 가격한 그 남자에게 가더군요.

"왜 이래. 어쩌다 이랬어. 대체 무슨 일이야. 왜 그랬어."
"아니 그냥 뭐. 그렇게 됐어."

술에 취한 남자에게 쫓겨 겁이 나서 건물 안에 숨어 있다던 그녀는 그에게 가서 다정한 말투로 그의 어깨를 두드리고 다독이며 걱정을 해주기 시작했습니다. 한쪽에서 그녀를 구하기 위해 자다 택시를 타고 나왔다고 경찰에게 설명하며 진술서를 쓰던 저는 들고 있던 펜이 부끄럽더군요. 제 옆에 있던 경찰도 저를 미심쩍은 눈빛으로 바라보기 시작했습니다. 비참하고 또 처량했습니다. 한참 뒤에 저를 흘낏 본 그녀가 다가와서 묻더군요.

"괜찮아?"
"가까이 오지 마."

고된 노동에 오래도록 단련된 저의 단단한 전완근에 손을 얹기에 말했습니다.

"내 몸에 손대지 마. 가까이 오지 마."

서둘러 진술서의 작성을 마쳤습니다. 저를 때린 남자는 때린 적이 없다고 잡아떼더군요. 옆에 있던 남자도 폭행은 없었다고 말했습니다. 분명 옆에서 제가 맞는 것을 똑똑히 봤는데도요. 오늘 처음 본 사이인데 저 사람은 대체 왜 저러는 걸까 무엇을 지키려고 하는 걸까 하는 생각을 했습니다. 집에 돌아와 자려고 누웠지만 잠이 오질 않았습니다. 중학교 때 아이들에게 맞던 생각이 났습니다. 그 시절로 돌아간다면 어떻게 대응을 해야할지. 어떻게 대응했어야 제가 살아남을 수 있었을지 오래도록 다시 생각해 보고는 했었습니다만 결국 나는 수십 년이 지났지만 아무것도 변하질 않았구나, 하고 체념했습니다. 어째서, 어디서부터 뭐가 잘못되어서 이런 일이 벌어졌는가 곰곰이 생각해 보았지만 답은 떠오르지 않았습니다. 그저 친구를 만들어 보고 싶었을 뿐인데, 그게 잘못이었을까요.

다음 날 제가 폭행을 당했던 거리에 다시 찾아갔습니다. 지하철 한 정거장 전부터 심장이 뛰고 다리가 후들거리더군요. 혹시라도 그를 다시 마주치면 어떻게 해야 할. 지난 밤처럼 나를 쫓아온다면? 하는 마음에 두려웠습니다. 서둘러 CCTV의 위치를 찾고 적혀 있는 번호를 찾았습니다. 법원을 통해 인터넷으로 증거 보전 신청을 했습니다. 몇 주 뒤 경찰에서 전화가 왔습니다. 밤이고 눈이 많이 와서 CCTV를 확인하기 어렵다고 하더군요. 저는 말했습니다. "CCTV 있어요. 제가 찾아놨어요." 시간대를 말해주자 비로소 아 있네요, 하고 말을 하더군요. 증거 보전 신청을 한 CCTV 자료는 법원을 통해 모자이크 없이 USB로 받아볼 수 있었습니다. 제가 미리 CCTV를 찾고 영상의 주체를 통해 증거 영상을 확보하지 않았더라면 그가 처벌을 받지 않았을 수도 있었을 거라는 생각이 들더군요.

희정이가 숨어 있다며 저에게 전화를 했던 누나로부터 연락이 왔습니다. 어떻게 됐냐는 물음에 저는 내가 맞았고 경찰에 신고했다고 했습니다. 누가 누구 편인지 모르는 상황에서 자세하게 말을 하는 것은 제게 도움이 되지 않을 것 같았습니다. 그녀는 한참 말이 없다가 물었습니다.

"어떻게 할 거야?"
"어떻게 했으면 좋겠어?"
"세상은 좋은 게 좋은 거야. 나야 다 친하니까."
"그런가?"
"남자들 사이에서는 원래 서열이 있는 거야. 그걸 어기면 이런 일이 벌어지는 거야."
"그런 거야?"

전화를 끊고 전부 차단했습니다. 모임도, 희정이도 그 누나도.

저는 다시 세상과의 단절을 선택했습니다. 세상은

정말 잡아먹고 잡아먹히는 그런 관계일까요? 이 모두가 알고 있는 자명한 사실을 저 혼자서만 모르는 척하는 건 제가 너무 순진한 척을 하는 걸까요? 누구도 누구를 먹지 않고 살아갈 수는 없는 일일까요? 저는 집에서 혼자 술을 마시기 시작했습니다. 세상 밖에 나가보려는 시도 자체가 잘못이었다는 생각. 나에게 주어진 것을 넘어선 욕심을 부려 화근이 되었다는 마음. 욕심이 정말 화를 부른 걸까요? 친구를 갖고 싶다는 마음이 그게 그렇게 정말 큰 욕심이었을까요, 저에게는. 제가 살아오며 가졌던 단 하나의 진심. 더 이상 외롭고 싶지 않다는 마음이 아무 의미가 없는 일이라면 저는 세상을 속일 수밖에는 없었습니다.

저는 다짐했습니다. 이제 두 번 다시 누구에게도 마음을 열지 않겠다구요. 매일 밤 잠들기 전 세 번씩 속으로 되뇌었습니다. 한겨울에도 찬물로 샤워를 하며 저를 다그쳤습니다. 추위에 몸이 덜덜덜덜 떨려 왔지만 저는 배에 힘을 꽉 주고 버텼습니다. 나는 혼자서도 잘할 수 있어. 그런 악마 같은 인간들에게 휘둘리느니 차라리 혼자서 지내는 게 맞아. 책을 내고도 말 한마디 못 했던 시간들을 생각했습니다. 어쩌면 제 인생에서 가장, 그리고 유일하게 빛이 날 수 있었던 순간을 가렸던 먹구름들에 대해서요. 그러다 한 사람을 우연히 만나게 됩니다. 미영이는 저에게 정말 과분한 여자였어요. 번듯한 직장도 있었고 저를 많이 아끼고 살펴 주었습니다. 교회에 다니는 사람이었습니다. 태어나기 전, 아이가 생기지 않는 그녀의 부모님이 점집에 가서 이유를 물으니 무당이 말했다고 합니다. "너희의 아이는 하나님의 아이다. 이런 곳에 찾아올 것이 아니라 교회를 다녀야 한다."라구요. 부모님은 교회에 다니기 시작했고 얼마 뒤 갖게 된 아이가 미영이였습니다. 저는 그녀가 신이, 그동안 저를 까맣게 잊고 있었거나 혹은 순번이 되지 않아서. 아니면 저보다 더 급한 용무를 가진 사람들을 돌보느라 차마 신경쓰지 못했던 저에게 준 선물이라고 생각했습니다. 일정한 직업이 없는, 직업뿐만 아니라 아무것도 가진 것이 없는 일용직 남성을 좋아해 주는 사람은 세상에 많지 않습니다. 그녀를 알게 되고 사람답게 살아보고자 자격증을 따기 위해 공부도 시작했습니다. 더 이상 누구를 신경쓰고 케어해 줄 필요 없이 오로지 나 자신을 위해서 노력하는 일의 기쁨을 알았습니다. 살면서 단 한 번이라도, 누군가가 저를 사랑해 주었으면 좋겠다는 저의 수줍고 오랜 욕망이 드디어 결실을 맺는구나 싶었습니다. 그야말로 저에게 헌신적인 사람이었습니다. 예수님의 사랑의 정신이라는 아가페나 천수관음의 보살핌이 있다면 이런 것이었겠지요.

그러던 어느 날, 몇 년 만에 연락이 한 통 옵니다. 제가 그토록 마음속으로 원망하고 증오에 가까운 감정까지 가지게 했던 그녀였습니다. 흡사 난민이나 기아를 연상케 하는 피골이 상접한 그녀의 얼굴 사진을 보내왔습니다. 저도 모르게 놀라 물었습니다. 무슨 일이야? 어디 전쟁에 용병이라도 다녀왔어?

이후 그녀가 말해준 그간의 사연들은 놀라운 것이었습니다. 가족의 소개로 취업을 했는데 직장 내 괴롭힘을 당했다. 수차례 자해와 자살 시도를 했었다는 것. 정신병원에도 서너 차례 입원을 했었다는 것. 그 덕분에 살이 많이 빠졌다. 지금은 아는 사람의 소개로 연 매출 5억의 작은 사업체를 운영하고 있으며 얼마 전에는 직장에서 만났던 사람에게 프로포즈로 천만 원짜리 다이아 반지를 받았다고 했습니다.

그래서?

라고 말을 했어야 하지만 저는 미영이에게 이별을 고하고 그녀와 만나게 됩니다. 얼마 뒤 그녀는 연락이 갑자기 끊기더군요. 저는 다시 혼자 남게 되었습니다.

멀쩡한 집안에서 자라나서 안정적인 직장이 있는 사

람이 아닌 어려서부터 정신병원을 들락날락거리고 수차례 입원을 했던 사람을 선택했던 이유는 제가 질서보다 혼란을 사랑해서 였을까요. 직장 내 괴롭힘을 당하고 힘든 시기를 보낸 사람에 대한 동정이나 연민이었을까요. 확인된 적 없는 연 매출 5억이라는 얼토당토않는 말에 혹한 걸까요. 피골이 상접할 정도로 말라붙었어도 아름다움을 잃지 않았던 그녀의 외모 때문이었을까요. 어려서부터 학대를 받아, 저를 챙겨주고 신경써주는 사람보다는 저를 괴롭히는 사람에게 더 끌리게 되어버린 걸까요. 망가지고 부서진 것들에만 관심을 갖기 때문일까요. 마치 그러한 것들만 저를 이해할 수 있다는 듯이. 제가 왜 이런 이상한 선택을 했는지. 그토록 저주하고 원망하며 제 청춘을 훔쳐갔다고 생각하던 인물과 다시 연락을 해서 평온하던 제 일상과 모든 것을 망쳐버렸는지 저는 스스로를 도저히 납득할 수 없었습니다. 달리기를 시작했습니다. 동네 하천을 뛰고 또 뛰었습니다. 다리가 풀려 책상에 발가락을 부딪혀 왼쪽 넷째 발가락이 붓기 시작했습니다. 그래도 달리고 또 달렸습니다. 붓기와 통증이 사라지지 않기에 병원에 찾아가 보니 발가락이 부러졌다고 하더군요. 어떻게 이 상태로 뛸 수 있었냐는 말에 저는 그냥 웃었습니다. 웃을 수밖에는 없었습니다. 삶은 가까이서 보면 희극이고 멀리서 보면 비극이지 않은가요? 어쩌면 그 반대인지도 모릅니다. 그렇게 계속 뛰다가는 발가락 뼈가 붙지 않거나 이상한 모양으로 붙을 수도 있다고 하더군요. 그래도 달렸습니다. 그렇게 달리다 문득 하늘이 파랗던 날에 뜬 흰 뭉게구름을 보니 생각이 들더군요. 저는 제 자신을, 단 한 번도 사랑한 적이 없다는 것을요. 그저 끝없는 장난과 거짓말들로 제 자신을 허구의 영역으로 밀어넣고 싶었을 뿐입니다. 중학생 때 온몸이 피멍이 들었을 때도 저는 장난이라 여겼고, 지능 지수가 높다는 말에 학원 선생님이 정말이니? 하고 물었을 때도 저는 거짓말이라 했습니다. 장난이 아니라면, 저는 버틸 수가 없었으니까요. 이렇게 끝없는 장난과 거짓말 속으로 숨고 피하고 모든 것으로부터 도망치다 보면 결국, 언젠가는 피할 수 없는 진실에 가 닿을 수 있을 거라고 생각했습니다. 어리석었습니다. 정말로 진실하고 싶었다면 숨지 않았으면 됐는데요. 아프고 힘들다고, 괴롭고 죽을 것만 같다고. 그저 솔직하지 못해서. 부끄러움이 많아서. 천성이 모질지 못해서. 어리숙하고 둔해서. 가볍고 천박해서. 살아온 환경이 그래서. 제가 가진 신체적 결함, 살면서 누구에게도 이해받지 못할 것이라고 생각해서 세상 밖으로 나가지 못하고 또 숨고 도망치기만 했던 그 문제를 이해해 줄 수 있는 사람이 그 여자뿐이라고 생각했기 때문입니다. 살면서 사실 많은 사랑을 받아 왔지만 단 한 번도 제가 그 사랑을 받을 수 있는 사람이라는 것을 믿지 못했습니다.

주님. 드리지 못했던 마지막 기도를 올립니다.
저는 더 이상,

주님. 저는 주님을 두 번 배신했습니다. 물론 그 외에도 자잘한 배신들이 수도 없이 있겠지만 저희 사이에 굳이 그런 소소한 우수리는 떼고 말씀드립니다. 일전에 드렸던 기도들처럼 살려달라고. 제발 살아 있게만 해달라고 빌 염치도 없습니다. 그저 간간이 생각할 뿐입니다. 주님께서 잡혀가시기 전날, 베드로에게 하신 말씀이 있으시지요. "너는 첫닭이 세 번 울기 전 나를 세 번 배신할 것이다." 이 이야기를 곰곰이 생각해 봤어요. 베드로는 틀렸어요. 그가 했어야 하는 일은, 배신을 하지 않겠다고 충성을 다짐하거나 그런 말을 하는 예수님을 원망하는 일이 아니었어요. 닭을, 베드로는 닭부터 울지 못하게 했어야 합니다. 그럼 모든 것이 해결되니까요.

해가 떠오르는 곳으로 가기로 했습니다. 해와 달의 경계에 들어가고 싶었어요. 낮이 밤이 되고 밤이 낮이 되는 일은 예보에 나오는 일출과 일몰의 시간과는 다릅니다. 언제나 삶과 죽음의 경계에 서 있고만 싶었어요. 더 이상 닭이 울지 않는 곳으로요. 살아 있는 사람이고 싶지도 않았고 그렇다고 죽고 싶지도 않았으니까요. 어떻게든 그 위를 아슬아슬하게 걸어가야겠다 싶어 인천으로 갔습니다.

인천은 서해라 해가 뜨는 것을 볼 수 없다는 것을 알아차린 때는 이미 도착하고 며칠이 지난 뒤였습니다. 온 김에 바닷가에서 새우깡을 팔기로 했습니다. 노래방 새우깡을 사서 사람들이 갈매기에게 던져줄 수 있도록 비닐봉지에 소분해서 들고 나갔습니다. 쉽지 않은 일이더군요. 미리 새우깡을 준비해 오는 사람들. 왜 이리 비싸냐고 항의하는 사람들을 견뎌내며 저는 새우깡을 팔았습니다. 그보다 더 큰 문제가 발생하기 시작했습니다. 갈매기들의 식성이 변해 더 이상 새우깡을 먹지 않더군요. 황급히 자갈치를 던져 줘 봤지만 달라지는 일은 없었습니다.

저를 안타깝게 여긴 주위 상인들이 한결같이 입을 모아 말하더군요. "박금자 여사를 찾아가라." 물어물어 그녀를 찾아갔습니다. 갈월동 인근에 다 쓰러지게 생긴 주택이었습니다. 사막 한 복판에서도 한 손으로 들고서 있으면 순식간에 갈매기가 나타나 물고간다는 수제 새우깡의 달인이더군요. 큰 과자 회사에서도 명절이면 선물을 들고 찾아와 그녀에게 인사를 드린다고 했습니다. 문 앞에 무릎을 꿇고 앉아 몇 날 며칠을 빌고 또 빌며 제발 그 비법 좀 알려달라고 부탁했지만 그녀는 답이 없었습니다. 그러다 문득 비가 오는 날 창밖을 물끄러미 바라보던 그녀가 말하더군요. "니가 정말 조금 더 살아보고 싶다면." 하고 덧붙였습니다.

죽음과 거짓말에 관한 이야기를 세 편 써 봐.

그렇게 이 이야기들은 쓰여졌습니다. 저는 이제 해와
달의 경계에 들어갑니다. 어떻게든 그 위를 아슬아슬하
게 걸어가다 보면, 보이지 않는 것들을 볼 수 있을지도
모르니까요.

하고 이야기는 끝이 났다. '이 새끼 존나 일름보네.' 마지막 메일을 닫으며 생각했다. 내가 인천에 가 본 적이 있던가? 인천에도 갈매기가 있던가? 하고 생각하다 이럴 때가 아니라는 생각에 다시 핸드폰을 들었다. 화면에 뜬 부고 문자를 치워버리고 배달 어플을 켜서 낙지 탕탕이를 주문했다. 소주를 추가할까 하다가 그만두었다. 짠 할 사람이 없었으므로. 창밖을 보니 어느덧 해가 떠오르고 있었다. 눈을 가늘게 뜨고 어둠과 빛의 경계를 살피려 했지만, 둘은 쉽게 구분되지 않았다. 그저 어딘가에 그가 있을 것이라 짐작할 뿐이었다. 그러다 문득 김봉철은 누군가와 술잔을 부딪혀 본 일이 있었을까 생각하다 그만두었다. 이런 소소한 일들에 더 이상은 나도

짠할 겨를이 없었다.

죽음에 대한 세가지 거짓말

초판1쇄인쇄	2025년 10월 15일
글	김봉철
표지	이서
장표지	
[이면의 이면]	김현경
[안녕하세요 김봉철 입니다]	이서
[처음 쓰여진 소설]	이서
일러스트	계수　@keisudrawing
제작	강문성
펴낸곳	문성
정가	13,000원

©김봉철
ISBN 979-11-979788-7-6(03810)
http://instagram.com/@pololop117